물, 어디든 흘러!

| | |
|---|---|
| 1쇄 인쇄 | 2023년 11월 10일 |
| 1쇄 발행 | 2023년 11월 24일 |

| | |
|---|---|
| 지은이 | 김수주 |
| 그린이 | 이한아 |
| 펴낸이 | 이학수 |
| 펴낸곳 | 키큰도토리 |
| 편 집 | 이효원 |
| 디자인 | 박정화 |

| | |
|---|---|
| 출판등록 | 제395-2012-000219호 |
| 주소 | 10543 경기도 고양시 덕양구 청초로 66, B-617호 |
| 전화 | 070-4233-0552 |
| 팩스 | 0505-370-0552 |

| | |
|---|---|
| 전자우편 | kkdotory@daum.net |
| 블로그 | blog.naver.com/gallant1975 |
| 페이스북 | facebook.com/kkdotory |
| 인스타그램 | instagram.com/kkdotory |

사진 제공

16쪽 위키미디어(Josef Reischig) 21쪽 위키미디어(Roger McLassus, Sharon Mollerus) 27쪽 위키미디어(이르쿠츠크 과학센터) 37쪽 위키미디어(Bahnfrend) 61쪽 위키미디어(Benh Lieu Song) 70쪽 위키피디아(Heretiq) 75쪽 위키미디어(Adnan Mahmutovic) 79쪽 위키미디어(SergeyPesterev) 89쪽 위키미디어(Doug Helton) 98쪽 freepik 104쪽 위키미디어(Strike Eagle)

* 책값은 뒤표지에 있습니다.
* 잘못된 책은 구입처에서 교환하여 드립니다.
* 이 책은 저작권자와 계약에 따라 발행한 것이므로 본사의 허락 없이는 어떠한 형태나 수단으로도 이 책의 내용을 이용하지 못합니다.

ⓒ 김수주·이한아, 2023
ISBN 979-11-92762-18-0 74400
　　　978-89-98973-78-0 74400 (세트)

### 어린이제품안전특별법에 의해 제품표시

| | |
|---|---|
| **제조자명** 키큰도토리 | **전화번호** 070-4233-0552 |
| **제조국명** 대한민국 | **주소** 10543 경기도 고양시 덕양구 청초로 66, B-617호 |
| **사용연령** 만 9세 이상 어린이 제품 | |

물질로 보는 문화

# 물, 어디든 흘러!

김수주 글 | 이한아 그림

키큰도토리

| 차례 |

작가의 말 **물은 어디로 흐르고 있을까?**　　　　　　　　8

## 첫 번째 물길 **지구를 흐르다**　　　10

지구에 물이 생기다 | 물에서 생겨난 최초의 생명 | 물에서 벗어나거나 물로 돌아가거나 | 물로 이루어진 우리 몸 | 모습을 바꾸는 물 | 지구를 돌고 도는 물

《이것도 물이라고?》 **불타는 얼음, 가스 하이드레이트**　　　26

## 두 번째 물길 **땅을 흘러 바다로**　　　30

큰 강 유역에서 생겨난 문명 | 물을 가두다 | 물을 끌어올리다 | 강과 강을 잇다 | 온 세상을 이어 주는 물 | 새로운 물길을 개척하다 | 금과 향신료를 찾아 바다를 누비다 | 바다와 바다를 잇다

《이것도 물이라고?》 **비를 만든다, 인공 강우**　　　54

### 세 번째 물길 **도시를 흐르다**     58

도시에 물을 끌어오다 | 더러운 물이 도시를 메우다 | 더러운 물속에 세균이 | 물을 깨끗이 하여 도시를 바꾸다 | 떨어지는 물의 힘을 이용하다 | 끓는 물의 힘을 이용하다

《이것도 물이라고?》 끓는 물의 힘으로 만드는 전기     78

### 네 번째 물길 **흐를 수 있을까?**     82

부족해지는 물 | 물을 차지하기 위한 싸움 | 물이 너무 적거나 물이 너무 많거나 | 더러운 물속에 독극물이 | 바다도 위험하다 | 물을 살리려면

《이것도 물이라고?》 뜨거운 바다와 찬 바다, 엘니뇨와 라니냐     102

작가의 말

## 물은 어디로 흐르고 있을까?

    물은 지구 표면의 4분의 3을 차지하고 있어. 또한 물은 우리 몸의 3분의 2를 차지하고 있지. 우리는 물이 없으면 살 수 없어.
    물은 바다, 강, 하천, 빙하, 지하 등 여러 곳에 있어. 그런데 물은 한곳에 머무르지 않고 얼음, 물, 수증기 등으로 상태를 바꾸어 가면서 자유롭게 돌아다녀.
    물이 지구를 흐르게 되면서 지구는 생명체가 살 수 있는 곳이 되었지. 물은 지금도 지구의 생명이 살아갈 수 있도록 많은 것을 주고 있어. 그 생명체 중 하나인 인간은 큰 강을 중심으로 모여 살면서 도시를 만들고, 문명을 이루었어. 그리고 땅을 흐르는 물길을 따라 드넓은 바다로 나가 지구를 구석구석 탐험하고, 물길을 개척해 나가면서 역사를 발전시켰지.

물은 도시를 흐르게 되었어. 인간은 도시로 물을 끌어왔고, 그 규모를 키워 나갔어. 또한 인간은 물의 힘을 이용해 기계를 만들어 더 많은 일을 해 나갔어. 떨어지는 물의 힘을 이용하기도 했고, 끓는 물의 힘을 이용하기도 했지. 그 결과 도시는 급속도로 발전했어. 그리고 사람들은 지구 전체를 누빌 수 있게 되었지.

오늘날 물은 어디로 흐르고 있을까? 사람들이 물을 너무 많이 쓰는 바람에 물이 그 흐름을 멈추고 말라 버리는 곳이 늘고 있어. 사람들은 부족해지는 물을 차지하려고 싸움을 벌이고 있지. 이렇게 귀한 물이지만, 그나마 있는 물도 더러워져 쓸 수 없게 되기도 해.

물은 자연적으로, 또는 인간에 의해 흐름을 바꾸어 가며 우리와 함께하고 있어. 물이 어디에서 흘러 왔고, 앞으로는 어디로 흘러갈지 더 자세히 들여다보자.

첫 번째 물길

# 지구를 흐르다

약 46억 년 전, 지구가 탄생했어. 갓 태어난 지구는 아주 뜨거웠지. 시간이 흐르면서 뜨겁던 지구가 식어 갔고, 대기 중의 수증기가 뭉쳐서 구름이 만들어졌어. 그리고 비가 되어 내리기 시작했지. 그렇게 육지에 물이 생겼고, 물속에서 최초의 생명체가 생겨났어.

### 지구에 물이 생기다

인류가 처음으로 우주에서 지구를 바라보았을 때, 그 아름다운 모습에 모두 깜짝 놀랐어. 특히 지구를 채운 영롱한 푸른빛은 감탄을 자아냈지. 그 푸른빛의 주인공이 바로 물이야. 물은 지구 표면의 4분의 3을 차지하고 있어. 하늘에 떠 있는 구름에도 기체 상태의 물인 수증기와 고체 상태의 물인 얼음이 있으니, 지구는 '물의 행성'이라고 불러도 좋을 것 같아.

하지만 지구에 처음부터 물이 이렇게 많지는 않았어. 아니, 지구는 물이 전혀 없고 하루가 멀다고 화산이 터지는 아주아주 뜨거운 행성이었지. 이 뜨거운 지구에 물이 어떻게 생겼을까? 여기에는 여러 가지 설이 있는데, 그중 두 가지 유력한 설을 이야기해 볼게.

지구는 약 46억 년 전에 탄생했어. 지구는 우주의 수많은 크고 작은 돌멩이들을 흡수하며 점점 커졌지. 이때 지구와 돌멩이들에서 나온 수증기와 이산화 탄소 등이 지구의 대기를 이루었다고 해. 이게 첫 번째 가설이야.

두 번째 가설은 지구 가장 안쪽에 있는 가장 뜨거운 부분인 핵에서 시작해. 핵에 있던 산소와 수소가 뜨거운 열에 의해 결합해서 수증기가 만들어졌지. 그리고 지구에서 수천 개의 화산이 터질 때, 지구 안쪽에 있던 수증기도 바깥으로 나와 대기를 이루었다고 해.

어떤 이유에서든 중요한 사실은 뜨거웠던 지구에 대기가 생겼고, 대기 중에 수증기가 가득했다는 거야.

그 후 10억 년이 흐르면서 지구는 식어 갔고, 대기 중의 수증기는 뭉쳐져 구름이 되었어. 구름에서는 곧 비가 내리기 시작했지. 이 비는 얼마 동안 내렸을까? 여름에 비가 계속 내리는 기간을 '장마'라고 해. 장마는 보통 한 달, 길면 두 달 동안 계속되지. 하지만 이 시기 지구의 장마는 무려 수천 년 동안 계속되었어.

비가 뜨거운 지구 표면에 닿으면 수증기가 되고, 수증기는 다시 위로 올라가 뭉쳐 또 구름이 되고 비가 되어 내렸지. 이렇게 수천 년 동안 계속 내린 비가 지구의 낮은 땅을 메웠어. 그리고 지구에 물이 가득 찬 바다와 강이 생겨났지.

### 물에서 생겨난 최초의 생명

약 40억 년 전의 지구는 생명체가 살 수 없는 곳이었어. 지구 대기는 태양에서 오는 빛, 특히 자외선을 막아 주지 못했거든. 한여름 햇볕이 쨍쨍 내리쬐는 바깥에서 뛰어놀다가 얼굴이나 팔이 빨갛게 되고 따끔따끔했던 적이 있을 거야. 그렇게 만드는 게 바로 햇빛 속의 자외선이지. 40억 년 전 지구에 내리쬐는 자외선은 지금과는 비교도 되지 않을 정도로 강했어. 생물이 살 수 없을 만큼 해로웠지. 그런데 한 곳, 자외선이 닿지 못하는 곳이 있었어. 바로 바다였지. 그래서인지 최초의 생명체는 바다에서 탄생했어.

지구 대기의 다양한 기체들은 태양에서 오는 강한 자외선을 쬐면서 여러 가지 화학 반응을 일으켰어. 질소와 수소가 화학 반응을 일으켜 암모니아가 되기도 하고, 수소와 탄소가 화학 반응을 일으켜 메테인(메탄)이 되기도 했지. 그러다가 마침내 아미노산이나 요소와 같은 유기물, 즉 생명체의 재료가 되는 원소들이 만들어졌어.

이렇게 만들어진 유기물은 비를 타고 물속으로 흘러 들어갔어. 그리고 시간이 흐르면서 물과 결합해, 스스로 자라고 어느 정도 커지면 둘로 갈라져 수가 늘어나는 등 생명체의 특징을 가지게 되었지. 이런 과정을 통해 생물의 조상이 되는 세포인 원시 세포가 만들어졌어. 원시 세포는 점점 더 진화했고, 마침내 '남세균(시아노박테리아, 남조류)'이라는 생물이 탄생했어. 이 생물은 하나의 세포로 이루어진 아주 작고 원시적인 생물이었지만, 지구의 역사를 바꾸게 되지.

남세균은 엽록소를 가지고 있어서 광합성을 할 수 있었어. '광합성'이란 빛과 이산화 탄소, 물을 이용해 살아가는 데 필요한 양분을 스스로 만들어 내는 것을 말해. 이때 양분과 함께 만들어지는 것이 바로 산소야. 바다에 가득 찬 남세균은 수억 년 동안 광합성을 했어. 지구에는 이산화 탄소가 점점 줄어들고 산소가 점점 늘어났지. 그 덕에 산소로 숨을 쉬는 다양한 생물들이 나타나게 되었어.

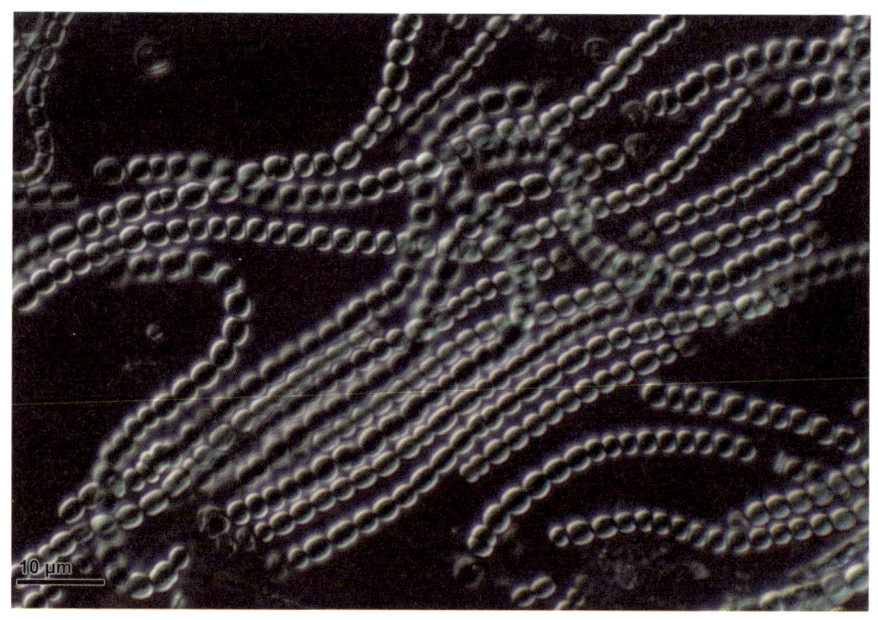

현미경으로 본 남세균(시아노박테리아)의 모습이야.

### 물에서 벗어나거나 물로 돌아가거나

시간이 더 지나자 물속에서는 남세균 말고도 하나의 세포로 이루어진 생물이 많이 생겨났고, 이들은 서로 먹고 먹히며 모여 살았어. 그러다가 아주 오랜 시간에 걸쳐 여러 개의 세포로 이루어진 생물이 나타났지. 생물을 이루는 세포 수는 점점 더 늘어나고, 구조도 점점 더 복잡해졌어. 약 6억 년 전에 작은 벌레처럼 생긴 동물이 나타났어. 오징어, 해파리, 고둥 등과 비슷한 동물과 등뼈가 있는 물고기도 생겨났지. 물속은 수많은 생물로 가득 찼단다.

지구의 변화가 물속에서만 일어나지는 않았어. 남세균이 광합성으로 만들어 낸 엄청난 양의 산소 가운데 일부는 더 높은 하늘로 올라갔어. 그리고 태양에서 오는 자외선에 의해 화학 반응을 일으켜 산소 원자 세 개가 뭉친 '오존'이 되었지. 이 오존은 지구에서 아주 중요한 역할을 했어. 태양에서 오는 자외선을 막아 주는 방패가 된 거야. 이제 물 밖은 생물이 살아도 괜찮은 곳이 되었지.

생물들은 물을 벗어나기 시작했어. 물속에는 이미 너무 많은 생물이 살고 있었거든. 물을 벗어난 생물들은 물 밖 환경에 맞추어 살았고, 이후 여러 형태로 진화하며 오늘날처럼 다양한 식물과 동물들이 지구에 살게 되었단다. 물론 우리 인간도 말이지.

그런데 이런 흐름과 반대로 간 생물도 있어. 대표적인 생물이 바로 고래야. 고래의 머리에서 물줄기 같은 것이 뿜어져 나오는 것 본 적 있니? 이 물줄기는 고래의 머리에 있는 구멍에서 나오는데, 이 구멍은 바로 고래의 콧구멍이야. 고래는 물 밖에 사는 동물처럼 폐로 숨을 쉬어. 그런데도 물속에 살지. 꽤 불편해 보이는데, 고래는 왜 물속에 살까?

원래 고래의 조상은 물 밖에 나와 네 다리로 다녔어. 하지만 물 밖에 동물들이 점점 더 많이 살게 되면서 먹이가 부족해졌지. 게다가 자신들을 잡아먹는 동물들도 많이 생겨났어. 그래서 고

래의 조상은 먹이가 더 많고 자신들을 잡아먹는 동물들이 많지 않은 바다로 돌아간 거야. 그리고 다시 물속에 적응하면서 겉모습이 지금처럼 바뀌었어. 물속에서 살기 좋게 앞다리는 지느러미처럼 변했고, 뒷다리는 없어졌지.

**물로 이루어진 우리 몸**

물은 아무 맛도 없고, 열량도 없어. 하지만 정말 중요하지. 우리는 물 없이는 살 수 없거든.

우리 몸의 약 3분의 2는 물이야. 이 가운데 1~2%만 부족해도 아주 심한 목마름을 느끼게 되고, 10% 이상 없어지면 목숨까지 잃게 되지. 우리는 음식을 먹지 않고도 몇 주 동안 버틸 수 있지만, 물을 마시지 않고는 단 5일도 살기 어려워. 그만큼 물은 우리에게 소중하단다.

물은 우리 몸속에서 많은 일을 해. 혈액, 오줌, 땀은 대부분 물로 이루어져 있어. 혈액은 우리 몸을 쉬지 않고 돌면서 산소와 영양분을 필요한 곳까지 운반하고, 우리 몸이 숨을 쉬고 움직이는 등의 활동을 하면서 내보내는 노폐물을 거두어 오지. 이 노폐물은 주로 오줌을 통해 몸 밖으로 나가. 체온이 높아지면 땀을 흘리는데, 땀이 증발하면서 열을 가져가기 때문에 우리는 체온을 유지할 수 있지.

이렇게 물은 아주 중요한 일을 하기 때문에, 오줌이나 땀으로 물을 많이 내보냈다면 꼭 물을 마셔서 내보낸 물을 보충해 주어야 해. 그래야 건강하게 살아갈 수 있어.

### 모습을 바꾸는 물

물은 수소 원자 2개와 산소 원자 1개로 이루어진 물질이야. 물은 고체인 얼음, 액체인 물, 기체인 수증기의 세 가지 상태로 있지. 얼음은 일정한 모양이 있으며, 차갑고 단단해. 물은 일정한 모양이 없이 흐르고, 담는 그릇에 따라 모양이 변하지. 기체인 수증기는 일정한 모양이 없고, 눈에 보이지 않으며, 담는 그릇을 언제나 가득 채우는 성질이 있단다.

얼음을 냉장고에서 꺼내어 두면 녹아서 물이 되지? 반대로 물

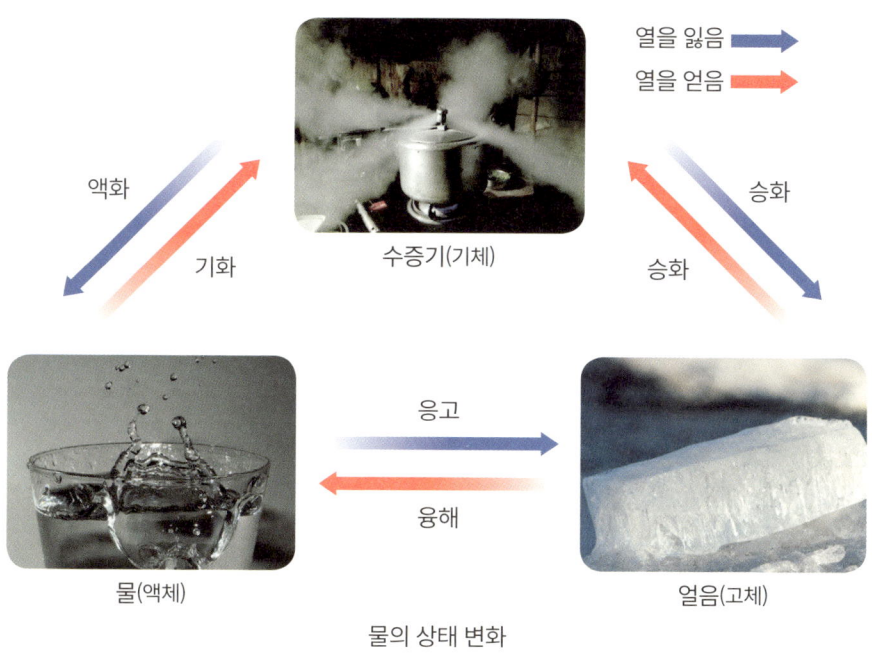

물의 상태 변화

을 냉동실에 넣으면 얼어서 얼음이 되고 말이야. 물을 끓이면 수증기가 되고, 수증기가 식으면 물이 되지.

　더운 여름날 얼음물이 든 컵 바깥에 물방울이 맺히는 것을 본 적이 있을 거야. 컵에서 물이 새는 것도 아닌데 말이야. 공기 중의 수증기가 온도가 낮은 컵 주위에서 물이 되어 컵 표면에 달라붙어서 그래. 이처럼 물은 서로 다른 상태로 바뀔 수 있어. 물은 0℃에서 얼어 얼음이 되고, 100℃에서 끓어 수증기가 되지. 드물긴 하지만 수증기에서 바로 얼음이 되는 경우도 있어. 초겨울 아침에 땅이나 낙엽 등에 하얗게 서리가 내리는데, 이 서리는 공기 중의 수증기가 차가운 땅 표면이나 낙엽 등에 닿으면서 바로 얼어붙어 생기는 거야.

　그런데 물이 모습을 바꿀 때는 독특한 성질이 있어. 한여름에 얼음물이 먹고 싶어서 페트병에 물을 가득 채워서 냉동실에 넣어 본 적이 있니? 페트병을 오랫동안 냉동실에서 두었다가 꺼내 보면 페트병이 부풀어 있을 거야. 이처럼 물이 얼어서 얼음이 되면 무게는 변하지 않지만 부피는 늘어나. 추운 겨울에 '수도 계량기가 터졌다.'라는 뉴스가 종종 나오는데, 수도관을 지나던 물이 얼어서 부피가 늘어나기 때문에 일어나는 현상이지.

### 지구를 돌고 도는 물

물이 지구 표면의 4분의 3을 차지하고 있다고 했지? 이 물의 97% 이상이 바다에 있어. 육지에 있는 물 중에서 빙하와 만년설처럼 얼어 있는 물이 약 1.7%, 지하에 있는 물이 0.8%, 강과 하천에 있는 물이 0.01%야.

이처럼 물은 여러 곳에 있는데, 한곳에 머무르지 않고 얼음, 물, 수증기로 상태를 바꾸어 가면서 자유롭게 돌아다녀. 땅으로 내려온 물은 호수와 강, 바다, 땅속에 머물다가 공기 중으로 증발하지. 또는 식물의 뿌리로 흡수되었다가 잎에서 수증기가 되어 공기 중으로 날아가.

하늘로 올라간 공기 중의 수증기는 기온이 점점 낮아지면 뭉쳐서 물방울이 되고, 더 높이 올라가서 기온이 더 낮아지면 얼음 알갱이가 돼. 이렇게 물방울이나 얼음 알갱이가 모이면 구름이 된단다.

구름을 이루는 물방울이나 얼음 알갱이들은 공기를 타고 하늘을 이리저리 떠다니다가, 물방울끼리 부딪쳐 합쳐지거나 얼음 알갱이에 주위의 수증기가 달라붙어 점점 커지고 무거워져. 그러면 비나 눈이 되어 땅으로 내려오지.

이렇게 물은 상태가 변하면서 육지, 바다, 공기 중, 하늘, 동물이나 식물 등 여러 곳을 끊임없이 돌고 도는데, 이러한 과정을 '물의 순환'이라고 해. 우리가 사용하고 버린 물도 어딘가에서 수증기가 되어 하늘로 올라가고, 다시 비나 눈이 되어 떨어지는 거야. 그리고 우리가 다시 사용하게 되지. 지구에서 물은 순환하지만, 지구에 있는 전체 물의 양은 변하지 않아. 수만 년 전에 내렸던 비, 수천 년 전 조상 중 누군가가 받아 썼던 빗물을 우리가 다시 쓰게 되는 거지. 정말 신비하지?

# 불타는 얼음,
# 가스 하이드레이트

얼음에 불을 붙이면 어떻게 될까? 물은 불을 끄는 성질이 있으니까 물이 얼어서 만들어진 얼음에 불을 붙이면 당연히 꺼지겠지. 하지만 불을 붙였을 때 타는 얼음도 있어. 바로 가스 하이드레이트야.

가스 하이드레이트는 메테인이 주성분인 천연가스와 물이 깊은 바다 밑바닥에서 높은 압력을 받아서 얼어붙어 만들어진 고체 연료야. 압력이 수십에서 수백 기압에 이르는 바다 밑에서는 물이 0°C 이하가 되어도 바로 얼음이 되지 않고, 물과 얼음의 중간 상태를 거치게 돼. 이때 천연가스가 들어오면 물 분자 사이의 빈 곳을 채우면서 가스 하이드레이트가 만들어져. 다시 말하면 높은 압력과 낮은 온도에서 만들어진 가스 분자가 물 분자 속에 갇히는 거지.

　가스 하이드레이트는 아이스크림을 차게 보관할 때 쓰는 드라이아이스와 비슷하게 생겼어. 그런데 이 가스 하이드레이트에 불을 붙이면 활활 타올라. 높은 압력과 낮은 온도 때문에 물 분자 안에 갇혀 있던 천연가스가 밖으로 나오면서 타기 때문이야.

　가스 하이드레이트 1L에서는 164L의 메테인 가스와 0.8L의 물이 나와. 즉, 가스 하이드레이트 속에는 부피의 164배에 이르는 천연가스가 들어 있지. 가스 하이드레이트는 러시아의 시베리아, 미국의 알래스카주, 노르

러시아의 바이칼호에서 채취한 가스 하이드레이트야. 가스 하이드레이트에 불을 붙이면 이렇게 타오르지.

웨이, 캐나다 등의 대륙 주변 심해에 약 10조 톤이 묻혀 있다고 알려져 있어. 이는 전 세계에 묻혀 있는 석탄과 석유를 합친 것보다도 훨씬 많은 양이야.

가스 하이드레이트는 주성분이 가스이기 때문에 석유나 석탄보다 이산화 탄소 등을 적게 내보내. 그래서 미래의 에너지 자원으로 주목받고 있어. 하지만 고체에서 가스를 분리하는 일이 어렵기 때문에 실용화하기가 쉽지 않아. 게다가 가스 하이드레이트 속의 메테인이 지구 온난화의 주된 원인인 이산화 탄소보다 지구의 열을 잡아 두는 효과가 20배나 더 크기 때문에, 자칫하면 지구에 더 큰 재해를 몰고 올 수도 있어. 그래서 안전하고 신중하게 개발해야 하지.

가스 하이드레이트는 우리나라와도 깊은 관계가 있어. 우리나라 동해의 독도 부근에 가스 하이드레이트 약 6조 톤이 묻혀 있다고 추정되거든. 일본이 자꾸 독도는 자기네 땅이라고 우기는 이유 중 하나가 가스 하이드레이트라는 이야기가 있을 정도야.

여러 기술적인 문제를 해결하여 가스 하이드레이트를 에너지 자원으로 쓸 수만 있다면, 에너지를 수입에 의존해 온 우리나라에 많은 도움이 될 거야.

# 두 번째 물길

## 땅을 흘러 바다로

    초기에 인간은 짐승을 사냥하고 들과 산에서 과일 등을 따 먹었어. 또한 먹을 것이 많은 곳을 찾아 떠돌아다니며 일정한 집 없이 동굴 등에서 잠을 잤지. 그 후 큰 강 유역에 펼쳐진 기름진 땅에 곡식을 기르기 시작하면서 인간은 한곳에 모여 살기 시작했어. 그리고 문명을 이루었어.

**큰 강 유역에서 생겨난 문명**

지금으로부터 약 300만 년 전, 최초의 인류가 나타났어. 이들은 두 발로 서서 걸어 다녔고, 돌과 나무 등 간단한 도구를 쓸 줄 알았지. 시간이 지나 인류는 불을 사용하게 되었고, 더 정교한 도구를 만들어 짐승을 사냥하고 물고기를 잡았어. 그러다가 농사를 지으면서 한곳에 머물러 살게 되었지.

농작물이 잘 자라려면 하늘에서 내리쬐는 햇볕, 땅의 영양분과 더불어 풍부한 물이 필요하지. 그래서 사람들은 큰 강가로 모여들었어. 큰 강가에는 물이 풍부했어. 게다가 상류에서 흘러 내려온 고운 흙이 쌓여 하류에는 기름진 땅이 만들어져 있었지. 이 때문에 사람들은 전보다 식량을 훨씬 더 많이 생산할 수 있었고, 식량은 사람들이 충분히 먹고도 남아돌기 시작했어.

사람들은 남아도는 식량을 이웃 마을에 주고 필요한 물건들을 받는 교환을 시작했어. 점점 더 많은 사람들이 강가로 모여들었고, 마을은 커져갔어. 사람들이 서로 싸우거나 힘을 합하면서 마을은 더 커져 갔고, 마을이 커지면서 도시가 세워졌지.

  도시에서는 강력한 지배자가 나타났어. 이들은 도시의 사람들을 다스리면서 좀 더 발전된 조직을 만들었고, 점차 국가의 모습을 갖추어 나갔지. 먹고사는 문제가 해결되자, 사람들은 점차 많은 생각을 하기 시작했어. 그리고 자신들이 발견하고 생각해 낸 것을 남기고 싶어 하게 되었지. 이런 노력 끝에 문자를 만들기도 하고, 그림이나 조각 등 예술 작품을 만들기도 했어. 이렇게 해서 이루어진 정신적이고 잘 다듬어져 있으며 발전된 삶을 '문명'이라고 한단다.

  오늘날 잘 알려진 고대 문명인 메소포타미아 문명, 이집트 문명, 인더스 문명, 중국 문명도 모두 강가에서 시작되었어. 메소포타미아 문명은 서남아시아의 티그리스강과 유프라테스강, 이집트 문명은 아프리카의 나일강, 인더스 문명은 인도의 인더스강, 중국 문명은 중국의 황허강과 양쯔강 유역에서 발생했지. 이곳은 모두 따뜻하고 비가 많이 오는 기후로, 사람들이 살기에 적당했어. 그리고 물이 범람하면서 흙이 쌓여 만들어진 기름진 땅이 있었지. 이들 문명에 의해 생겨난 나라들은 지배자가 백성들

을 강력한 권력으로 다스렸고, 이 강력한 권력은 물을 관리하는 능력에서 나왔단다.

### 물을 가두다

큰 강 유역에는 물이 풍부하다고 했지? 하지만 물이 부족할 때도 많았고, 너무 많을 때도 있었어. 왜 물의 양이 일정하지 않았을까? 해답은 바로 비에 있어. 내리는 비의 양이 일정하지 않기 때문이지. 비가 적게 와서 가뭄이 들거나 너무 많이 내려서 홍수가 나면 흉년이 들 수밖에 없었어. 이런 일이 되풀이되면 사람들의 생활은 어려워지겠지?

그래서 사람들은 둑을 쌓아 큰 저수지를 만들어 강물을 가두고, 물길을 만들었어. 비가 적게 내리면 저수지의 물이 물길을 따라 흐르도록 해서 마른 땅에 물을 댔어. 물이 잘 빠지지 않는 진흙땅이 물에 잠기는 것을 막기 위해 물이 빠져나가는 길도 만들었어.

이라크 동부의 초가 마미 유적에서는 기원전 6000년경에 만들어진 농업용 수로가 발견되었어. 인도 서부에 있는 기르나르 언덕에는 기원전 3000년경에 저수지가 만들어졌다는 기록이 있지. 고대 이집트에서는 파이윰 오아시스에 있는 자연 호수를 저수지로 사용했다는 증거가 남아 있다고 해.

이러한 저수지와 수로를 통해 비가 얼마나 많이 내리는지에 관계없이 일정한 양의 물을 땅에 댈 수 있었고, 점점 더 많은 양의 작물을 거두어들이게 되었단다. 이렇게 국가는 점점 더 풍요로워졌고, 힘이 세졌지.

**물을 끌어올리다**

지구 중심 방향으로 모든 것을 끌어당기는 힘을 '중력'이라고 해. 지구에 있는 모든 물체는 지구가 끌어당기고 있지. 물도 예외는 아니야. 지구가 끌어당기는 대로 높은 곳에서 낮은 곳으로 흐르지. 그런데 물을 가두어 둔 곳이 논이나 밭보다 낮은 곳에 있기도 해. 그런 곳에 가뭄이 든다면 물이 있어도 흉년을 막을 수 없겠지.

그래서 사람들은 중력을 거슬러 낮은 곳에서 높은 곳으로 물을 옮기는 장치를 만들었어. 대표적인 것이 '수상 바퀴'야. 물과 수직으로 세워진 큰 바퀴에 양동이나 항아리 같은, 물을 담을 수 있는 그릇이 달려 있고, 바퀴를 돌리면 물을 담은 그릇이 위로 올라와 물을 위쪽에 쏟아 내고 다시 물속으로 들어가지. 소나 당나귀 등의 동물이 바퀴를 돌리기도 했고, 사람이 발로 밟아 바퀴를 돌리기도 했어. 이 수상 바퀴는 기원전 4세기경에 이집트에서 처음 등장했다고 해.

고대 그리스에서는 이와 다른 획기적인 장치가 만들어졌어. 이 장치를 만든 사람은 기원전 3세기경 시칠리아의 도시국가인 시라쿠사에 살던 아르키메데스야. 아르키메데스는 수학과 과학

이스라엘 예루살렘의 사프라 광장에 설치된 '아르키메데스의 나선식 펌프' 조형물이야.

분야에서 두드러진 업적을 많이 남겼지. 시라쿠사 왕의 왕관이 순금으로 만들어졌는지 알아내는 방법을 목욕탕에서 생각해 내고는, 너무 기쁜 나머지 "유레카!"라고 외치며 벌거벗은 채 뛰어다닌 일화로 유명해.

아르키메데스가 만든 장치는 가늘고 긴 원통 속에 나사 모양으로 깊은 홈을 판 축이 들어 있는 구조야. 이 장치를 비스듬히

해서 한쪽 끝을 아래쪽의 물속에 넣고 원통에 달린 손잡이를 돌리면, 아래쪽의 물이 나사 모양으로 파인 홈을 타고 위로 올라오지. 이 장치는 그의 이름을 따서 '아르키메데스의 나선식 펌프'라고 불리며, 오늘날까지도 다양한 분야에서 그 원리가 응용되고 있어.

### 강과 강을 잇다

오랜 옛날부터 사람들은 강이나 바다를 따라 무거운 짐이나 사람들을 실어 날랐어. 육지를 통해 무거운 짐을 운반하려면 동물이나 수레를 이용해야 했지. 하지만 동물이 한 번에 실을 수 있는 짐의 무게와 크기에는 한계가 있었고, 수레를 만들고 길을 내고 동물을 돌보는 데 비용도 많이 들었어. 게다가 사나운 맹수나 물건을 노리는 도둑 등을 만날 위험도 있었지. 그래서 사람들은 한꺼번에 많은 짐을 옮길 수 있고 육지보다 위험이 적은 물길을 많이 이용했단다.

이렇게 사람이나 물건을 실어 나르기 위해 만든 물길을 '운하'라고 해. 원래 있던 강이나 하천을 손질해서 만들기도 하고, 아예 땅을 파고 물을 끌어와서 새로 만들기도 하지. 약 5000년 전부터 이집트, 서남아시아, 그리스, 중국 등지에 많은 운하가 만들어졌어. 그중 중국의 대운하는 가장 긴 고대 운하로 알려져 있지.

589년, 중국에는 수나라가 들어섰어. 수나라는 시황제가 다스리던 진나라가 멸망한 뒤, 혼란한 중국 대륙을 다시 통일한 나라였지. 당시 중국 대륙의 북쪽은 정치와 군사의 중심지였고, 남쪽은 쌀 농사를 중심으로 한 경제의 중심지였어.

이 두 지역을 연결해서 남쪽의 풍부한 식량을 북쪽으로 옮겨 오는 것이 중요한 과제로 떠올랐지.

그래서 수나라는 북쪽의 베이징과 남쪽의 항저우를 남북으로 잇는 대운하를 만들었어. 황허강과 양쯔강, 화이허강을 거쳐 물길을 내는, 어마어마하게 큰 공사였지. 이렇게 완성된 대운하는 폭 30~60m, 깊이 3m, 총길이 2100km에 달했어. 대운하 덕분에 남쪽에서 생산되는 많은 쌀을 북쪽으로 옮길 수 있었어. 그뿐만 아니라 남쪽과 북쪽을 좀 더 쉽게 오갈 수 있게 되어 왕이 통치하는 지역이 더욱 넓어졌지. 또한 대운하는 바다로 연결되어 바다와 육지를 이어 주었고, 다른 나라와 원활한 관계를 맺는 데에도 큰 역할을 했어. 대운하를 건설한 수나라는 37년 만에 멸망했지만, 대운하는 이후에 세워지는 나라들이 드넓은 중국 대륙을 통일하여 다스리는 기반이 되었단다.

### 온 세상을 이어 주는 물

강물은 흘러 흘러 바다로 들어가. 우리나라를 보면, 한강, 금강, 영산강은 서해로 흘러들고, 낙동강은 남해로 흘러들지. 앞에서 이야기했듯이 물은 지구 표면의 4분의 3을 차지하고, 그 물 중에 97%가 바다에 있어. 지구 표면을 찍은 사진을 보면 육지가 바다에 여기저기 떠 있는 것처럼 보인단다.

바닷물을 보면 철썩철썩 밀려갔다 밀려오는 움직임만 있는 것 같지? 그런데 실제로는 지구 전체의 바닷물이 거대한 강물처럼 흐르고 있어. 이런 현상을 '해류'라고 해.

해류는 왜 생길까? 여기에는 여러 가지 원인이 있어. 원인 중 하나는 지구의 자전이야. 지구는 자전축을 중심으로 서쪽에서 동쪽으로 돌아. 그래서 따뜻한 물이 적도를 기준으로 북반구에서는 오른쪽으로 흐르고, 남반구에서는 왼쪽으로 흐르면서 차가운 북극과 남극으로 각각 이동하지.

또 다른 원인은 바람이야. 지구의 바람은 일정한 방향으로 불지. 바닷물의 가장 위쪽은 이 바람의 방향에 영향을 많이 받아. 적도 북쪽의 해류는 시계 방향으로 흐르고, 적도 남쪽의 해류는 시계 반대 방향으로 흐르지.

바닷물의 밀도와 온도 차이도 원인 중 하나야. 남극과 북극 지방은 지구에서 가장 추운 곳인데, 이곳 얼음 아래에 있는 바닷물은 아주 차갑고 소금이 많아서 밀도가 높아. 차갑고 밀도가 높

해류의 흐름

은 물은 바다 깊이 가라앉고, 따뜻하고 소금이 적어서 밀도가 낮은 물은 위로 올라가. 이렇게 되면 빈 곳을 메우기 위해 물이 다른 곳에서 이동하지. 이런 과정이 되풀이되면서 물이 흐르게 되는 거야. 이렇게 바닷물이 흐름으로써 지구 전체의 바닷물은 섞이게 돼.

　해류는 지구에 아주 중요한 역할을 해. 바로 기후를 일정하게 유지하는 일이지. 지구는 위도에 따라 태양의 빛을 받는 양이 달

라. 위도가 낮은 곳은 빛을 더 많이 받고, 위도가 높은 곳은 빛을 더 적게 받지. 그래서 위도가 높은 곳과 위도가 낮은 곳의 온도는 큰 차이를 보이는데, 해류가 더운 곳의 바닷물을 추운 곳으로 옮기거나 추운 곳의 바닷물을 더운 곳으로 옮겨 줌으로써 이 차이를 줄여 준단다. 고요할 것만 같은 바닷물이 끊임없이 움직이며 지구에 큰 영향을 준다는 사실, 정말 신기하지?

**새로운 물길을 개척하다**

오랜 옛날부터 사람들은 배를 만들어 가까운 바닷길을 다니면서 물고기를 잡거나 다른 곳으로 사람과 물건을 실어 날랐어. 그러면서 저 먼바다 너머에 어떤 세상이 있는지 궁금해했지. 문명이 발달할수록 배를 만드는 기술이 발달해서 더 크고 멀리까지 갈 수 있는 배를 만들게 되었어. 주위에 아무것도 없는 바다에서도 배의 위치를 알고, 목적지로 가는 법을 알아내는 항해술도 발달했지. 계절에 따라 바람의 방향이 어떻게 바뀌는지 연구하고, 해류를 알아내는 노력을 게을리하지 않았어. 그 결과, 사람들은 더 먼바다를 다닐 수 있게 되었단다.

기원전 2500년 무렵, 메소포타미아 지역의 아카드 제국은 영토를 넓히며 아프리카, 아시아, 유럽 지역 사이에 있는 바다인 지중해까지 진출했어. 이 시기에 이집트에서는 아프리카 대륙과 아라비아 반도 사이에 있는 바다인 홍해를 통해 다른 나라와 교역을 했지. 기원전 1460년, 이집트 왕실은 홍해 유역의 도시 푼트로 다섯 척의 배에 1000명이 넘는 사람들을 태워 보내 상아, 몰약, 유황을 가져오게 했어. 서아시아에 살던 페니키아인들은 지중해 여러 곳에 식민지를 세웠고, 자신들이 만든 배를 타고 아프리카의 해안을 모두 둘러보았어. 게다가 홍해와 인도양, 대서양을 돌아다니며 아프리카와 아시아를 연결하는 무역을 했다고 해.

고대 그리스에서도 바다를 탐험한 사람들이 있었어. 그리스의 탐험가인 피테아스는 지금의 영국과 유럽의 대서양 해안을 둘러보고, 아이슬란드와 노르웨이까지 다녀왔지.

북유럽에 살던 바이킹은 인구가 늘어나 식량이 부족해지자, 800년 무렵부터 춥고 척박한 북유럽을 떠나 새로운 땅을 찾아 나섰지. 대서양에 있는 섬인 아이슬란드로 이주했다가 그린란드로 이주해 정착했어. 그러다 1000년 무렵, 더 따뜻한 곳을 찾아

서쪽으로 항해했고, 따뜻하고 비옥한 곳에 도착했어. 그곳이 오늘날 캐나다의 뉴펀들랜드섬이었지. 바이킹이 최초로 아메리카 대륙을 발견한 거야.

1400년대에는 중국 명나라의 정화가 황제의 명으로 세계의 바다를 돌아다녔어. 최대 62척의 배와 선원 2만 7800명에 이르는 대규모 선단을 이끌고 말이야. 약 30년 동안 총 일곱 차례에 걸친 길고도 엄청난 항해였어. 정화의 선단은 여러 나라와 협정을 맺고, 각 나라 왕들이 보낸 진귀한 물건을 가득 싣고 돌아왔지. 정화의 선단은 아라비아와 아프리카까지 갔다 오면서 명나라를 알렸고, 명나라 사람들이 다른 나라로 더 활발히 진출하는 데 도움을 주었단다.

### 금과 향신료를 찾아 바다를 누비다

11세기 말부터 13세기 말까지 크리스트교를 믿는 서유럽 나라들과 이슬람교를 믿는 나라들이 큰 전쟁을 벌였어. 이 전쟁은 예수가 태어난 예루살렘을 서로 차지하려고 해서 일어났어. 예루살렘을 차지하기 위해 나선 서유럽의 군사들이 갑옷에 십자가를 수놓았기 때문에 이 전쟁을 '십자군 전쟁'이라고 해.

 유럽 사람들은 이 전쟁에 참여하면서 아시아에 관심을 갖게 되었어. 아시아에는 유럽에서 귀했던 향신료, 비단, 보석 등이 많이 있었거든. 이런 가운데 1290년대에 이탈리아의 상인이자 여행가인 마르코 폴로가 자신이 여행하면서 보고 들은 이야기를 담아 《동방견문록》이라는 책을 냈지. 그 책에는 이런 내용이 있었어.

 '동방의 자와섬(인도네시아)에는 값비싼 향신료가 많이 나고, 지팡구(일본)에는 황금이 많다.'

 이를 계기로 아시아에 대한 호기심은 더욱 커졌지.

 거기에 지구가 둥근 공처럼 생겼다고 믿는 사람들도 점점 늘어났어.

 "지구는 둥글다는 것을 몰랐다고요?"

 이렇게 의문을 갖는 친구들도 있겠지? 옛날 사람들은 지구가 네모나게 생겼고, 바다 끝에는 낭떠러지가 있어서 바다 끝에 가면 떨어져 죽는다고 믿었어. 그런데 지구가 둥글다면 동쪽이나 서쪽, 어느 쪽으로 가도 값비싼 향신료가 가득한 아시아에 갈 수 있고, 다시 돌아오기도 쉽겠지. 유럽 사람들은 아시아, 특히 향신료가 많이 나는 인도와 금이 많이 난다는 일본에 가서 금과 향신료를 차지해야겠다고 생각하게 되었어.

새로운 바닷길을 개척하는 데 가장 먼저 나선 나라는 포르투갈과 스페인이었어. 당시 무역의 중심은 지중해였는데, 두 나라는 지중해 끄트머리에 있어서 여기에 잘 끼지 못했거든. 포르투갈과 스페인은 바닷길을 나서는 탐험가들을 적극적으로 지원해 주었지.

1492년에 이탈리아 사람인 크리스토퍼 콜럼버스는 인도로 가는 새로운 바닷길을 찾으려고 스페인에서 출발했어. 그리고 몇 달 후, 어느 섬에 닿았지. 그는 인도를 찾았다고 생각했지만, 사실 그곳은 아메리카 대륙이었어. 이를 끝까지 몰랐던 콜럼버스는 자신이 도착한 곳을 서인도라고 불렀어.

1497년에 포르투갈 사람인 바스쿠 다가마는 포르투갈을 출발하여 아프리카 남쪽 끝에 있는 희망봉을 돌아 10개월 만에 인도에 도착했어. 유럽에서 인도로 가는 바닷길을 개척한 거야.

1519년, 포르투갈의 페르디난트 마젤란은 향신료 무역을 할 새로운 바닷길을 찾아, 기존의 방법처럼 아프리카를 빙 돌아가지 않고 아메리카 대륙 쪽으로 출발했어. 마젤란의 탐험대는 서쪽으로 계속 항해한 끝에 남아메리카를 돌아 태평양을 가로질러 3년 만에 스페인으로 돌아왔지. 세계 일주라는 엄청난 항해에 성공한 거야.

 이렇게 유럽 사람들이 아시아로 가는 뱃길을 개척한 시대를 '대항해 시대'라고 해. 유럽 사람들은 이 시기에 금, 보석, 향신료 등을 값싸게 들여와 무역을 함으로써 풍요로운 삶을 살게 되었어. 하지만 물자를 차지하기 위해 총칼을 앞세워 아시아와 아프리카, 아메리카 대륙을 점령해 식민지로 만들고, 그곳에 살던

사람들을 잔인하게 죽이거나 노예로 삼았지. 유럽 사람들에게는 풍요의 시대였지만, 아시아, 아프리카, 아메리카의 사람들에게는 눈물의 시대였던 거야.

**바다와 바다를 잇다**

서유럽을 중심으로 대항해 시대를 거치면서 새로운 바닷길이 개척되었어. 사람들은 무겁고 커다란 화물을 이 바닷길을 통해 실어 날랐어. 그런데 바닷길을 통해 대륙을 오가려면 아프리카나 아메리카 대륙을 뺑 둘러 가야 했어. 너무나도 먼 길이었지. 게다가 가는 길에 폭풍우를 만나기도 하고, 배에 실은 값나가는 물건과 노예들을 노린 해적의 공격을 받기도 했어.

그래서 사람들은 목적지까지 더 빨리 갈 방법을 궁리하다가 이런 생각을 했지.

'대륙을 관통하는 뱃길을 뚫어서 바다와 바다를 연결하면, 배가 대륙을 가로질러서 갈 수 있을 텐데!'

사람들은 바다와 바다의 경계에 있는 대륙의 잘록한 부분에 대륙을 관통하는 뱃길을 뚫었어. 이러한 뱃길을 '국제 운하'라고 해. 대표적인 국제 운하로는 수에즈 운하와 파나마 운하가 있지.

수에즈 운하는 지중해와 홍해, 인도양을 잇는 운하로, 이집트에 있어. 사실 이 운하는 기원전 7세기 무렵부터 만들려고 했어. 고대 이집트의 파라오인 네코 2세가 나일강과 홍해를 잇는 운하를 건설하려고 했지. 그런데 예언자들이 반대해서 중단했다고 해. 이후 페르시아의 다리우스 1세가 홍해와 나일강을 잇는 수로를 만들었어. 이 수로를 통해 이집트의 농산물을 페르시아로 실어 날랐는데, 시간이 흘러 나라가 약해지면서 폐쇄되고 말았지. 프랑스의 나폴레옹도 운하 건설을 시도했지만, 실패하고 말았어.

그 후 수많은 노력 끝에 마침내 1869년에 수에즈 운하가 개통되었어. 163km에 이르는 땅에 물길을 파는 대공사였지. 수에즈 운하로 인해 인도에서 영국으로 가는 바닷길은 6400km나 줄어들었어. 유럽에서 아시아로 가는 시간이 무려 24일이나 줄어들었지.

파나마 운하는 대서양과 태평양을 잇는 약 70km 길이의 운하야. 이 운하가 생기기 전에는 미국의 동쪽 해안과 서쪽 해안을 오가려면 남아메리카의 끝까지 돌아가야 했어. 시간이 너무나도 오래 걸렸지. 그래서 아메리카 대륙의 잘록한 부분인 중앙아메리카의 파나마 지협에 뱃길을 만들자는 계획을 세웠어. 처음 공사를 시작한 때는 1881년이었는데, 공사는 만만하지 않았어. 공사를 하는 땅이 습한 열대 우림 지대인 데다가 풍토병마저 돌았지. 공사는 계속 지체됐고, 공사를 할 자금은 다 떨어졌어.

결국 첫 공사는 9년 만에 중단되고 말았지. 이후 수많은 우여곡절 끝에 파나마 운하는 1914년에 개통되었어. 파나마 운하로 인해 미국의 동쪽과 서쪽 해안 사이를 다니는 바닷길이 무려 1만 4000km나 줄어들었지.

 국제 운하는 조약에 따라 모든 나라의 배들이 자유로이 오갈 수 있게 되어 있어. 지도에서 보면 아주 가느다란 바닷길이지만, 이 길이 막히면 전 세계의 배들이 너무나 큰 불편을 겪게 돼.

2021년 3월 23일, 그런 일이 실제로 일어났어. 초대형 화물선 에버기븐호가 수에즈 운하를 지나가다가 중간 지점에서 수로 전체를 막으면서 좌초된 거야. 배를 막고 있던 모래를 파내는 등 여러 가지 노력을 한 끝에 일주일 만에 배를 구조했지. 하지만 그 일주일 동안 수에즈 운하가 가로막힌 탓에 총 367척의 배가 운하 주변에서 운하가 뚫리길 하염없이 기다려야 했어. 기다리다 지친 일부 배들은 시간과 비용의 엄청난 손해를 감수하고 아프리카 대륙을 뻥 돌아가기도 했지.

　이처럼 국제 운하는 지구의 바다를 더욱더 원활하게 이어 주는 중요한 길이라고 할 수 있단다.

# 이것도 물이라고?

## 비를 만든다, 인공 강우

　농사를 지을 때 비는 아주 중요해. 그래서 사람들은 비에 큰 관심을 기울였어. 비가 언제 오는지, 비의 양은 얼마나 되는지, 비가 오기 전에는 어떤 현상이 일어나는지 등 비에 관해 알아내려고 노력했지.

　옛날에는 비가 내리지 않으면 하늘의 신이 노한 것이라고 생각해서 하늘에 제사를 지내며 비를 내리게 해 달라고 빌었어. 이를 '기우제'라고 해. 우리나라에서도 삼국시대부터 기우제를 지냈다는 기록이 있어. 임금이 나라를 잘 다스리지 못한 탓에 비가 오지 않는다고 생각해서 죄 없는 사람이 억울하게 감옥에 갇히는 일이 없도록 신경을 쓰고, 가난한 백성들에게 곡식을 나누어 주기도 했어. 또한 반찬 가짓수를 줄이고 검소하게 지냈다고 해.

　과학이 발전하면서 사람들은 비가 내리는 원리를 알게 되었어. 그리고 이 원리를 이용한다면 사람의 힘으로 비를 내릴 수 있을 거라고 생각했지.

　공기 중의 수증기가 하늘로 올라가고 기온이 점점 낮아지면 뭉쳐서 작은 물방울이나 얼음 알갱이가 돼. 이들이 떠 있는 게 구름이야. 이 구름 속의 물방울이나 얼음 알갱이가 합쳐지거나 얼음 알갱이에 주위의 수증기가 달라붙어 무거워지면 비나 눈이 되어 땅으로 내려오는 거야. 그런데 이때 작은 물방울 주위에 달라붙을 얼음 알갱이가 없으면 물방울이 커질 수가 없어서 비가 내리지 않아.

　그래서 사람들은 구름 속에 작은 물방울이 뭉칠 구름 씨를 뿌려 비를 내리게 했어. 구름 씨로는 곱게 부순 드라이아이스가 많이 쓰여. 얼음과 구조가 비슷한 아이오딘(요오드)화 은 같은 화학 물질을 물과 함께 뿌리기도 하지. 그러면 구름 씨에 작은 물방울이 달라붙어, 비가 내리는 거야. 이런 방법으로 비를 내리게 하는 것을 '인공 강우'라고 해.

　인공 강우가 최초로 성공한 것은 1946년이야. 미국의 빈센트 쉐퍼가 버크셔 산맥 4000m 높이에 올라가 구름에 드라이아이스를 뿌렸더. 5분 후, 구름에서 눈이 내렸지.

　2007년 6월, 중국 랴오닝성에서도 인공 강우용 로켓 1500발을 발사해서 2억 8300만 톤의 비가 내리게 했어. 이것으로도 부족하자 2차로 3대의 항공기와 로켓 681발을 동원해 5억 2500만 톤의 비가 내리도록 했지. 이 비는 56년 만에 찾아온 최악의 가뭄을 해결해 준 단비였어.

　하지만 인공 강우에도 문제점이 있어. 비가 내릴 만큼 물방울과 얼음 알

갱이가 많지 않은 구름에서 비를 내리게 하려고 다른 곳에서 물방울을 끌어오다 보니, 주변의 다른 지역이 가뭄에 시달릴 수 있거든. 한 지역에 비를 몰아 주면 다른 지역에 구름이 생기지 않아 원래 자연적으로 내려야 할 비도 내리지 않을 수 있어. 게다가 구름 씨로 뿌리는 화학 물질이 지구를 오염시킬 수도 있지. 비용 또한 너무 많이 들어.

  인공 강우는 장점도 크지만 부작용도 만만치 않은 만큼, 안전하고 적절한 방법을 고민해 보아야 해. 무엇보다도 있는 물을 효과적으로 활용하는 방법이 필요하지.

## 세 번째 물길

## 도시를 흐르다

　사람들이 한곳에 많이 모여들면서 도시가 만들어졌어. 그러자 도시에 사는 사람들이 마시고 음식을 만들고 씻는 데 쓸 깨끗한 물이 많이 필요해졌지. 사람들은 물의 힘을 이용해 필요한 시설을 만들고, 기계를 움직였어. 그 결과 산업이 급속도로 발전했지.

### 도시에 물을 끌어오다

도시는 사회적, 경제적, 정치적 활동의 중심이 되는 곳이야. 사람들이 많이 모여 사니 경제, 행정, 교통, 문화 시설 등이 발달하지. 그리고 이렇게 편리하고 다양한 시설들 때문에 더욱 많은 사람이 도시로 모여들게 돼.

앞에서 보았던 것처럼 도시의 역사는 물과 함께 시작했어. 큰 강가에 도시가 세워졌지. 그런데 도시가 발달하면서 여러 문제가 발생했어. 도시에 몰려든 사람들이 마실 물이 부족해졌고, 사람들이 생활하면서 내보내는 더러운 물을 처리해야 했지. 그래서 이런 문제를 해결하기 위해 도시에 여러 가지 시설을 짓기 시작했어.

기원전 2500년 무렵 인더스강 유역에 있던 모헨조다로는 이런 시설을 잘 갖춘 도시였어. 모헨조다로에는 집집마다 깨끗한 물을 공급하는 우물과 목욕 시설, 깨끗한 화장실이 있었어. 길의

좌우로는 하수도가 있었는데, 벽돌 한 장 높이만큼 낮고 위가 덮인 형태였어. 사람들이 사용한 물이 각각의 집에 설치된 배수 시설을 통해 이 하수도로 모여 도시 밖으로 흘러 나갔지. 한꺼번에 수십 명까지 들어갈 수 있는 거대한 공중목욕탕도 있었어.

 기원전 8세기 무렵 이탈리아 반도에 세워진 로마 제국은 유럽과 지중해를 넘어 북아프리카, 페르시아, 이집트까지 지배했어.

프랑스 가르강 계곡을 가로지르는 가르교야. 1세기 초 로마 제국에서 3층으로 건설한 수도교로, 1985년 유네스코에서 세계 문화 유산으로 지정했어.

로마 제국의 도시들은 '수도교'라는 물 운반 시설을 갖추었어. 로마 제국의 영토가 넓어지면서 사람들은 점점 늘어났고, 도시에 몰려든 사람들이 쓸 물이 부족해졌어. 그래서 산에서 맑은 물을 끌어오기 위해 수로를 만들었지. 높은 산에서 내려오는 물은 수로를 타고 낮은 곳으로 흘러갔어. 수로가 연결되는 길에 산이 있으면 터널을 뚫었고, 계곡을 통과해야 하면 다리를 놓았는데, 이 다리가 수도교야.

수도교는 다리에 가해지는 힘을 분산시켜 무너지지 않도록 아치 구조로 지어졌고, 계곡의 깊이에 따라 3층까지도 건설되었어. 지금까지 남아 있는 수도교 가운데 가장 오래된 것은 로마에 있는 아피아 수도교인데, 기원전 350년에 만들어졌지.

로마 제국의 도시에는 집집마다 납으로 만든 상수도관과 하수도관이 설치되었고, 수세식 변기를 갖춘 화장실도 만들어졌지. 그리고 대하수도를 설치해서 멀리 떨어진 강으로 다 쓴 물을 버렸어. 이렇게 먼 곳에서 깨끗한 물을 가져다 쓰고, 더러운 물은 잘 모아 도시 밖으로 버림으로써 도시는 폭발적으로 발전했단다.

### 더러운 물이 도시를 메우다

시간이 흘러 로마 제국이 쇠퇴하고 유럽은 '중세'로 접어들었어. 중세에는 왕이 나라를 지키기 위해 귀족들의 훈련된 군대를 쓰는 대신, 귀족들에게 땅을 주면서 그 땅을 지배하는 권리도 같이 주었어. 귀족들은 저마다 자신들이 지배하는 땅을 높은 성벽으로 둘러쌌지. 중세의 도시들은 이 성벽 안에서 발전해 나갔어.

중세 초기에는 주로 수도원과 교회를 중심으로 상수도와 하수도를 관리했지. 로마 제국이 남긴 수로와 수도교를 그대로 쓰기도 했어. 도시의 규모가 그리 크지 않았고 도시 사이의 교역도 활발하지 않았기 때문에, 도시는 그런대로 깨끗이 유지되었어.

그런데 중세 후기가 되면서 도시 사이의 교류가 늘고, 상업과 수공업 등이 발달하기 시작했어. 농촌에 살던 사람들은 도시로 몰려들었어. 성벽 안은 사람들과 그들이 가져온 가축들로 복작복작해졌지. 하지만 도시의 상수도와 하수도 시설은 사람들이 늘어나는 속도를 따라가지 못했단다. 도시는 점점 더러워져 갔어.

더러워진 도시에는 쥐와 벌레가 들끓었어. 쥐는 무서운 전염병을 몰고 왔어. 바로 페스트였지. 흑사병이라고도 불리는 페스트는 14세기 중반부터 유럽을 휩쓸었고, 전 유럽 인구의 3분의

1 또는 4분의 1이 목숨을 잃었단다. 페스트를 중세가 끝나는 결정적인 계기로 꼽기도 해.

페스트를 겪으면서 종교에 대한 사람들의 믿음은 시들해졌어. 신에게 아무리 빌어도 병이 낫지 않았기 때문이지. 대신 여러 가지 근거 없는 미신이 퍼졌는데, 그중 하나가 바로 '페스트의 원인이 물'이라는 것이었어. 그래서 죽고 싶으면 목욕하라는 말까지 생겼고, 사람들은 목욕을 거의 하지 않게 되었지.

생각해 봐. 도시에 사람들과 가축들은 점점 몰려들고, 상하수도와 화장실은 점점 부족해지는데, 잘 씻지도 않아. 도시의 모습이 어땠을까?

그 당시 도시의 집에는 화장실이 없었어. 사람들은 용변을 본 후 오물을 모아서 그냥 집 밖에 내다 버렸단다. 그나마 오물을 버릴 때 "머리 조심하세요!" 하고 소리치는 게 예의였지. 운이 없으면 오물을 그대로 맞기도 했어. 게다가 이 오물이 흘러나갈 배수로가 턱없이 부족했기 때문에, 거리는 오물로 넘쳐났어. 사람들은 오물을 밟고 다닐 수밖에 없었지. 거리의 오물을 밟지 않으려고 굽이 높은 구두인 하이힐을 발명했을 정도라고 하니, 길거리가 얼마나 더러웠을지 짐작이 가지?

가난한 서민들만의 이야기라고 생각하기 쉽지만, 왕이나 귀족들의 생활도 크게 다르지 않았어. 17세기에 '태양왕'이라고 불린 프랑스의 왕 루이 14세는 자신의 가족들과 귀족들이 머무를 크고 화려한 궁전을 지었지. 바로 베르사유 궁전이야. 베르사유 궁전에는 수백 개의 크고 작은 방들이 있었는데, 화장실은 없었어.

18세기에 들어서야 화장실이 생겼는데, 그곳에 사는 사람들의 수에 비해 턱없이 부족했어. 그래서 귀족들은 주로 정원 풀숲에서 볼일을 보았지. 궁전은 겉으로는 아름다웠지만, 좋지 않은 냄새가 가득했다고 해.

### 더러운 물속에 세균이

사람과 동물의 배설물 등으로 더러워진 물을 마시거나 오염된 손으로 만든 음식을 먹으면 병에 걸릴 가능성이 커. 그래서 물을 깨끗하게 관리하지 못하는 곳에서는 상하수도 시설을 따라 병이 빠르게 퍼지기도 하지. 이렇게 오염된 물 때문에 퍼지는 전염병을 '수인성 전염병'이라고 해. 수인성 전염병은 오염된 물에 들어 있는 세균에 의해 생겨.

대표적인 수인성 전염병으로는 콜레라, 장티푸스 등이 있어. 콜레라는 콜레라균에 감염되면 걸리는데, 쌀뜨물 같은 설사가 멈추지 않아. 그 때문에 몸속에서 빠르게 수분이 빠져나가면서 심하면 탈수로 목숨을 잃게 되지.

장티푸스는 장티푸스균에 감염되어 걸리는데, 열이 많이 나고 배가 아프면서 온몸이 쇠약해져. 심하면 장에서 출혈이 일어나는 등의 합병증으로 목숨을 잃을 수도 있단다.

**물을 깨끗이 하여 도시를 바꾸다**

1858년 6월, 영국의 빅토리아 여왕과 그의 아들 앨버트 왕자는 영국 최대의 도시 런던을 가로질러 흐르는 템스강에서 유람선을 타려고 했어. 하지만 몇 분 지나지 않아 되돌아와야 했지. 템스강에서 너무나도 심한 냄새가 진동했기 때문이야. 왜 이런 일이 일어났을까?

사실 템스강의 오염은 런던에 인구가 늘어나면서 계속 사회적 문제가 되어 왔어. 19세기 초부터 런던의 집에는 수세식 화장실이 설치되기 시작했는데, 이 화장실에는 지금과 달리 정화조가 없었어. 화장실의 오물은 그대로 템스강으로 흘러들어 갔지.

또한 이 당시 모든 건물에는 사용한 물을 깨끗하게 만들지 않고 그대로 템스강에 버리도록 하수도가 설계됐어. 따라서 집과 공장에서 사용한 폐수도 그대로 템스강으로 흘러 들어간 거야.

거기에 산업 혁명으로 공장이 엄청난 속도로 늘어나자, 공장에서 일하는 사람들도 늘어났어. 그 바람에 템스강으로 버려지는 생활 하수와 폐수의 양은 급격하게 늘어났지.

그런데 당시까지도 런던에서는 지금처럼 깨끗한 수돗물이 나오지 않았어. 템스강의 물을 소독도 하지 않은 채 직접 떠서 마시고, 요리할 때나 씻을 때도 그대로 사용했지. 그 결과, 런던에는 오염된 물 때문에 콜레라가 퍼졌어. 1831년부터 발생한 콜레라는 네 번이나 런던을 휩쓸고 지나갔고, 수만 명이 목숨을 잃었단다. 이 사건들을 겪으면서 사람들은 깨끗한 물의 중요성을 점차 알게 되었지. 하지만 템스강의 더러운 물을 깨끗하게 만들기 위해 본격적으로 나선 건 훨씬 더 이후였어.

문제의 1858년 6월, 런던은 이상 기후에 시달리고 있었어. 햇볕이 내리쬐는 곳의 온도는 48℃까지 올라갔지. 그러자 템스강의 물은 빠르게 증발하기 시작했어. 거기에 폐수는 여전히 템스강에 흘러 들어왔지. 그 결과 템스강의 물은 썩어서 무시무시한 냄새를 풍기게 된 거야.

템스강 주변에 있는 사람들이 냄새 때문에 더는 일을 할 수 없는 지경에 이르자, 영국 정부에서는 대책을 마련했어. 런던을 남쪽과 북쪽으로 나누어 템스강 양쪽 연안에 하수관을 건설했지. 그리고 도시에서 나오는 하수를 처리하는 양을 늘렸어. 폐수를 깨끗하게 만들어 내보내는 시설도 갖추어 나가기 시작했지. 이런 노력 덕에 런던의 사람들은 깨끗한 물을 마시게 되었고, 템스강은 조금씩 맑아졌단다. 런던은 산업 도시로 성공적으로 발전할 토대를 마련했고, 다른 도시들의 표본이 되었어.

**떨어지는 물의 힘을 이용하다**

텔레비전에서 폭우로 물이 불어난 강을 사람들이 건너는 모습을 본 적이 있니? 물의 흐름이 강해 어른들도 몸을 가누기 힘들

시리아 북서쪽에 있는 하마는 물레방아 도시로 유명해. 사진 속 나무 물레방아는 하마의 오론테스강에 있는데, 지름이 20미터나 돼.

고, 자칫 잘못하다간 물에 금방 휩쓸려 버리게 돼. 물이 높은 곳에서 떨어지는 폭포의 물줄기도 아주 힘세지. 물이 떨어지는 부분에 있는 바위는 이 물의 힘 때문에 다른 곳에 비해 파여 있어. 이처럼 흐르거나 떨어지는 물은 힘이 아주 세단다.

사람들은 이런 물의 힘을 이용할 궁리를 했어. 그렇게 해서 탄생한 것이 바로 물레방아야.

'물레방아'는 물의 힘을 이용하는 기계 장치를 말해. 칸막이가 일정한 간격으로 있는 바퀴가 물의 힘으로 돌고, 그 힘을 바퀴와 연결된 축으로 전달해. 이 축과 연결된 지레를 통해 다른 장치를 움직이게 되어 있지. 물레방아는 바퀴가 수평으로 설치된 것과 수직으로 설치된 것으로 나뉘어.

물레방아는 전 세계 여러 곳에서 독립적으로 만들어져 발전해 왔어. 기원전 4세기부터 중국과 이집트 등에서 물레방아가 쓰였다는 기록이 있지. 물레방아는 고대 중국, 이집트, 그리스, 로마, 페르시아 등에서 만들어졌는데, 사람들은 물레방아를 이용해 여러 가지 일을 했어. 가장 대표적인 일은 곡식을 빻는 것이었어. 곡식의 껍질을 벗기거나 가루를 내어 밥을 짓거나 빵을 구웠지. 특히 도시에 사는 수많은 사람이 먹고살려면 곡식이 많이 필요했기 때문에, 물레방아의 역할은 중요했어.

무기나 농기구 등에 쓰이는 철을 달구는 용광로에 바람을 불어넣는 장치인 풀무를 움직이는 데에도 물레방아의 힘을 이용했어. 중국에서는 물레방아의 힘을 이용해 하늘을 관측하는 기구인 혼천의를 움직이기도 하고, 황제를 위한 큰 규모의 인형극을 올리기도 했어.

시간이 지나면서 물레방아의 수는 점점 더 늘어나고, 구조도 조금씩 복잡해졌지. 사람들은 물의 힘이 생각보다 세다는 것을 알게 되었고, 이 힘을 더 많은 분야에 이용하기 시작했어.

섬유로 천을 짠 다음에는 기름이나 먼지 등을 없애기 위해 천을 두드려 빨아야 하는데, 이때에도 물레방아의 힘을 이용했어. 광산에서 캔 광석에 들어 있는 금을 꺼내기 위해 광석을 부수는 데에도 물레방아가 쓰였지. 종이를 생산할 때 나무를 갈아서 종이의 원료가 되는 펄프를 만드는 데에도 물레방아는 큰 역할을 했단다. 그리고 18세기에는 물레방아를 이용해 실을 만들어 내는 방적기를 만들었지. 이렇게 물의 힘을 이용해 여러 가지 산업이 발전했고, 한꺼번에 많은 양의 물건을 만들어 낼 수 있게 되었어.

19세기에 들어 물레방아의 발전된 형태인 수력 터빈이 만들어졌어. 그리고 사람들은 이 수력 터빈을 전기 만드는 장치와 연결했어. 물이 수력 터빈을 돌리는 힘을 이용해서 전기를 만든 거야. 이렇게 물의 힘을 이용해 전기를 만드는 것을 '수력 발전'이라고 해.

수력 발전을 많이 하려면 물의 힘이 세야 하겠지? 물살이 세게 흐를수록, 물이 높은 곳에서 떨어질수록 물의 힘이 세기 때문에 초기에 수력 발전소는 주로 폭포 근처에 세워졌단다. 그러다가 20세기에 들어와 미국의 후버 댐 등 아주 큰 댐이 지어지면서, 댐에서 물이 떨어질 때 생기는 힘을 이용해서 전기를 만들기 시작했어. 그럼으로써 전기를 더욱더 많이 생산하게 되었지.

수력 발전은 오늘날까지 세계적으로 많은 양의 전기를 생산하고 있어. 전 세계에서 쓰는 전기의 약 6분의 1이 수력 발전으로 만들어지고 있단다.

댐에서 물이 떨어지는 모습이야. 이때 생기는 힘으로 전기를 만드는 것이 수력 발전이야.

### 끓는 물의 힘을 이용하다

물이 100℃가 되면 끓어서 수증기가 된다고 했지? 냄비 속의 물이 계속 끓으면 냄비 속의 물이 없어질 때까지 수증기의 양이 늘어나고, 수증기가 담긴 냄비 안의 압력이 냄비 바깥의 압력보다 높아져. 그 압력 때문에 냄비 뚜껑이 달싹거리며 움직이지. 이처럼 수증기는 힘이 꽤 세단다.

사람들은 이러한 수증기의 힘을 놓치지 않고 이용해 왔어. 기원전 250년 무렵에 아르키메데스는 수증기의 압력으로 발사할 수 있는 대포를 만들었어. 1세기에 알렉산드리아에서 활동한 발명가인 헤론은 수증기의 압력으로 돌아가는 공 모양의 장난감을 만들기도 했지.

수증기를 이용해 일하는 장치가 본격적으로 만들어진 것은 1600년대 후반이야. 연료로 나무 대신 석탄을 때기 시작하면서 탄광이 본격적으로 개발되던 시기지. 석탄을 캐내는 양이 늘어나자 탄광은 점점 더 깊어졌어. 그러자 탄광에 물이 고이는 문제가 발생했지. 이를 해결하기 위해 물을 퍼 올리는 장치를 만들었는데, 이때 '증기 기관'이 만들어졌어. 증기 기관은 물을 끓여 생기는 수증기의 압력 차이를 이용해 동력을 얻는 장치야. 이 증기

새로운 방식을 적용한 증기 기관이야. 이 증기 기관으로 공장에서는 빠른 시간에 많은 물건을 만들 수 있게 되었어.

기관을 이용해 성공적으로 탄광의 물을 퍼낼 수 있었어.

사람들은 증기 기관을 계속 개량해 나갔어. 당시의 증기 기관은 열 손실이 컸고, 수증기를 만드는 데 석탄을 많이 써야 했어. 그런데 영국의 기술자 제임스 와트가 새로운 방법을 적용한 증기 기관을 선보임으로써 열 손실을 많이 줄였고, 사용되는 석탄의 양도 4분의 1 이하로 줄일 수 있었지.

와트의 증기 기관은 광산에서만 쓰이지 않았어. 증기 기관을 바탕으로 방적기가 만들어졌어. 이 방적기로는 실을 훨씬 많이, 자동으로 만들 수 있었지. 증기 기관으로 기계를 움직이게 되면서 도시에는 많은 공장이 들어섰어. 물건을 훨씬 더 많이, 훨씬 더 빨리 만들게 되었지. 이처럼 물건을 사람이 직접 손으로 만드는 것에서 공장의 기계가 만드는 것으로 바뀌는 변화를 '산업 혁명'이라고 해. 증기 기관은 산업 혁명을 이끌었다 할 수 있지.

그리고 증기의 힘을 이용하여 이 물건들을 더 많이, 더 빨리 실어 나를 교통 기관도 만들어졌어. 바로 증기 기관차야. 수증기

의 힘으로 바퀴를 돌리는 기차였지. 사람들은 사람이나 동물 대신 기계의 힘으로 이동할 수 있게 되었어.

  육지에서 증기 기관차가 다녔다면, 바다에서는 증기선이 다녔어. 본격적으로 증기선이 다니기 시작한 건 1807년에 미국에서 허드슨강을 따라 뉴욕과 올버니를 왕복으로 운행하면서부터야. 증기선은 얼마 지나지 않아 대서양을 누비게 되었어. 그리고 그 범위는 점점 더 넓어졌지.

  끓는 물의 힘으로 도시는 급속도로 발전했고, 사람들이 다닐 수 있는 범위는 전 세계로 확장되었어.

# 이것도 물이라고?

## 끓는 물의 힘으로 만드는 전기

오늘날 증기 기관을 쓰는 곳은 거의 없어. 공장을 가동하고 우리 생활에 쓰이는 모든 물건을 움직이게 하는 에너지 자원은 전기야. 전기를 만드는 일을 '발전'이라고 해. 그런데 그거 아니? 오늘날까지도 발전에 끓는 물의 힘을 주로 이용하고 있다는 것 말이야.

"어? 끓는 물 발전은 없는데요?"

이렇게 생각하는 친구들이 있을지도 모르겠다. 지금부터 끓는 물의 힘으로 전기를 만드는 것에 대해 알려 줄게.

'화력 발전'은 석탄, 석유, 천연가스 등 화석 연료를 이용해서 전기를 만

보스니아 투즐라에 있는 화력 발전소야. 전기를 많이 사용하는 도시에 세워졌지.

드는 일을 말해. 화석 연료를 보일러에 넣은 다음 태우는데, 이때 관을 통해 보일러에 물을 넣어. 이 물이 가열되어 끓으면 온도는 200℃ 이상, 압력은 100~200기압인 증기로 바뀌어 터빈으로 보내져. 이 증기가 터빈의 회전 날개를 돌리고, 터빈에 연결된 발전 장치가 작동해서 전기가 만들어지는 거야.

  앞에서 본 수력 발전은 물로 터빈을 돌려야 하기 때문에 반드시 물이 있는 곳 근처에 발전소를 세워야 하지. 하지만 화력 발전은 위치의 제약이 그리 크지 않아. 그래서 대도시, 공업 단지 등 전기를 많이 쓰는 곳 주변에 발전소를 세울 수 있어. 만들어진 전기가 이동하는 거리가 짧아야 시간과 비용을 절약하겠지? 또한 발전소를 건설하는 비용이 화력 발전소가 수력 발전소보다 적게 든다는 것도 장점이야.

하지만 화력 발전은 치명적인 단점이 있어. 화석 연료를 태울 때 이산화 탄소가 많이 배출되는데, 이산화 탄소는 지구의 열을 지구 밖으로 내보내는 것을 막아 지구 온난화를 일으키거든. 또한 화석 연료는 한번 캐내어 쓰면 없어지기 때문에 화석 연료를 다 쓰면 전기를 만들어 낼 수 없지. 그래서 화력 발전의 비중을 줄이고자 하는 노력이 필요해.

'원자력 발전'은 원자의 핵분열을 이용해서 전기를 만드는 거야. 자연의 모든 물질은 눈에 보이지 않는 아주 작은 알갱이인 '원자'로 이루어져 있어. 원자는 원자핵과 전자로 이루어져 있는데, '전자'는 마이너스(-) 전하를 띠는 알갱이로 원자핵 주위를 돌고 있어. '원자핵'은 플러스(+) 전하를 띠는 알갱이인 '양성자'와 아무런 전기를 띠지 않는 알갱이인 '중성자'로 되어 있지.

그런데 바깥에서 중성자를 쏘아서 원자핵을 깨뜨리면 두세 개의 중성자가 원자핵에서 떨어져 나가면서 주위에 있는 원자핵을 깨뜨리고, 그 원자핵에서 또다시 중성자들이 나오는 과정이 계속돼. 이를 '핵분열'이라고 해. 핵분열을 할 때는 엄청난 열이 나와. 그래서 이 열로 물을 끓이고 그때 나오는 증기로 터빈을 돌려서 터빈에 연결된 발전 장치로 전기를 만들어 내지.

원자력 발전의 원료인 우라늄 1g에서 나오는 에너지는 석탄 3톤, 석유 9드럼에서 나오는 에너지와 맞먹을 정도로 엄청난 양이야. 거기다 화석 연료보다 값도 싸고, 이산화 탄소도 거의 배출되지 않아 많은 나라에서 원자력 발전을 이용하고 있어.

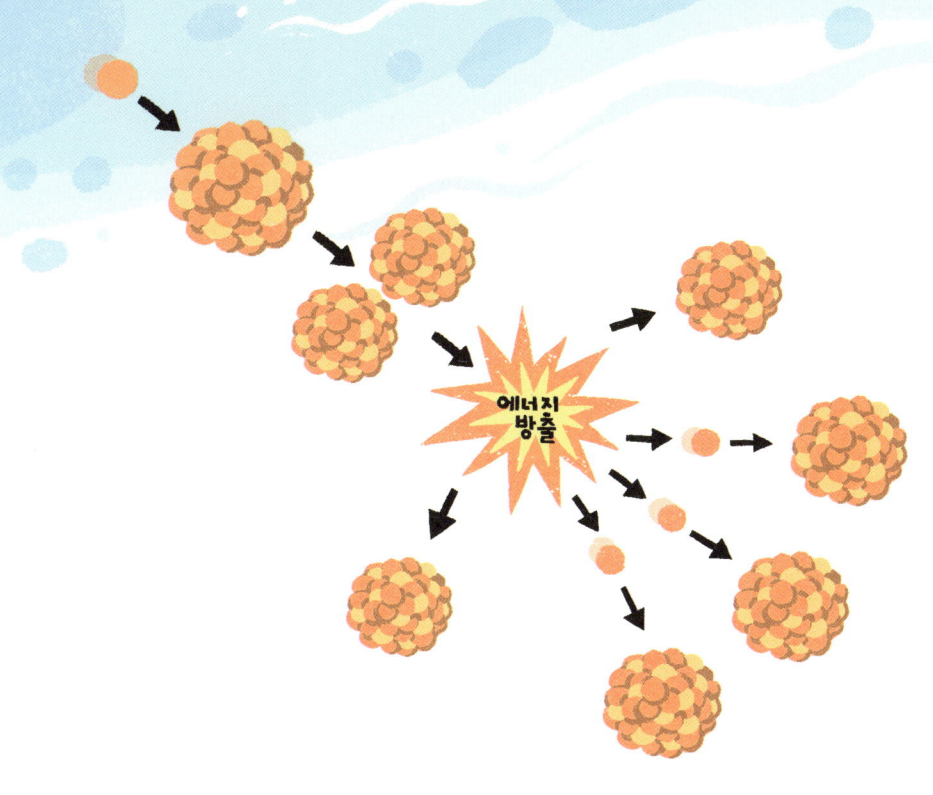

　하지만 원자력 발전에도 단점이 있어. 핵분열이 일어날 때 나오는 방사선은 아주 위험하거든. 방사선은 원자력 발전에 쓰고 남은 우라늄에서도 나오기 때문에, 사람들에게 피해가 가지 않는 곳에 보관해야 해. 보관하는 비용이 만만치 않고, 안전하게 보관되는지도 계속 살펴야만 하지. 게다가 우라늄은 원자 폭탄과 같은 핵무기로 만들 수 있어. 그래서 철저하게 관리해야 한단다.

# 네 번째 물길

## 흐를 수 있을까?

 도시와 산업이 급속도로 발전하면서 물에 관련된 많은 문제가 발생하기 시작했어. 사람들 때문에 발생한 물의 문제는 지구의 기후까지 이상하게 만드는 전 세계적인 문제가 되었어.

**부족해지는 물**

농경이 시작되고, 문명이 생겨나고, 도시가 발달하면서 인구는 점점 더 늘어났어. 게다가 산업 혁명으로 인해 공장이 많이 생겨나자, 사람들은 일자리를 찾아 도시로 몰려들었지. 사람들이 쓸 물과 공장의 기계를 돌릴 물은 더 많이 필요해졌어. 농사를 짓는 땅의 넓이도 점점 더 넓어졌어. 농작물이 자라는 데에도 물이 많이 필요하지.

지구 전체에 있는 물 가운데 사람들이 쓸 수 있는 물은 0.01% 정도밖에 안 돼. 지구에 있는 물의 양은 정해져 있는데, 필요한 물의 양은 급속도로 늘어났어. 그래서 물이 부족해졌고, 이는 전 세계 사람들을 위협하는 심각한 문제로 떠올랐지.

국제 연합 환경 계획(UNEP)의 〈환경 보고서〉에 따르면, 전 세계 인구의 3분의 1이 극심한 물 부족에 시달린다고 해. 또한 현재처럼 물을 쓰다가는 2025년에는 27억 명의 사람들이 물 부족을 겪게 될 거라고 하지.

지금도 사용할 물이 모자라서 어려움을 겪는 일이 곳곳에서 일어나고 있어. 약 12억 명의 사람들이 더러운 물을 마시고, 약 25억 명이 제대로 된 화장실이나 하수 시설을 갖추지 못한 채 살고 있지. 또한 해마다 약 500만 명이 콜레라나 이질 등의 수인성 전염병으로 목숨을 잃고 있어.

물 부족으로 고통받는 곳에서는 지하를 수십 미터씩 파 내려가 지하수를 끌어올리고, 바닷물에서 염분을 없애서 마실 수 있는 물을 만들기도 하지. 그마저도 할 수 없는 곳에서는 다른 방법을 쓰기도 해. 세계에서 가장 건조한 칠레의 아타카마 사막에는 안개가 자주 끼는데, 안개가 몰려오는 길목에 커다란 그물망을 설치해 놓았어. 안개가 그물망에 걸리면서 큰 물방울로 뭉치면 그 물방울을 모아서 쓴단다.

**물을 차지하기 위한 싸움**

물이 없으면 살 수 없어. 농사를 지을 수도 없고, 공장의 기계를 돌릴 수도 없지. 그래서 사람들은 물을 더 많이 차지하려고

다투게 되었어. 이 다툼은 나라와 나라 사이의 문제로까지 커졌지. 지금도 여러 곳에서 물을 두고 치열하게 다툼이 벌어지고 있어.

  서남아시아의 이스라엘, 시리아, 요르단은 요르단강의 물을 두고 끊임없이 전쟁을 하고 있어. 전체적으로 건조한 이 지역에서 요르단강은 물을 얻는 중요한 곳이야. 1964년, 물이 부족한 이스라엘은 요르단강의 물을 다른 곳으로 돌려 더 많은 물을 확보하려고 했어. 이에 화가 난 시리아는 요르단강 상류에 댐을 세워 이스라엘로 들어가는 물을 막으려고 했지. 이것이 이스라엘과 시리아, 요르단 등 중동 국가들 사이의 전쟁으로 번졌지.

  메콩강은 중국, 태국, 라오스, 캄보디아, 베트남을 흐르는 강이야. 아시아의 아마존강이라고 불리는 곳이지. 그런데 지난 20년 동안 중국이 메콩강 상류에 댐 11개를 지었어. 그러자 태국에서 베트남, 캄보디아로 이어지는 메콩강 하류의 강물 높이가 해마다 낮아지더니, 급기야 곳곳에서 바닥을 드러내고 있어. 건기에 중국의 댐들이 물을 내보내지 않고 가두어 두기 때문이야. 이에 다른 나라들은 크게 반발하고 있단다.

다뉴브강은 독일에서 시작하여 오스트리아 등 유럽 9개 나라를 통과하는 강이야. 1977년에 헝가리와 슬로바키아는 다뉴브강에 두 나라의 땅에 걸쳐 수력 발전을 위한 댐을 세우고, 전기를 함께 쓰기로 약속했지. 하지만 헝가리에서 생태계 파괴를 우려하면서 댐 건설을 반대하는 움직임이 일어났어. 헝가리는 결국 댐 건설을 포기했지. 하지만 슬로바키아는 그 뒤 1991년에

댐 건설을 강행했고, 다뉴브강의 흐름을 바꾸었어. 헝가리는 이에 분노했고, 슬로바키아와 약속한 공동 댐 건설을 무효로 만들고자 했지. 결국 두 나라는 국제 사법 재판소에 소송하기에 이르렀어. 1997년, 국제 사법 재판소는 두 나라의 약속은 아직 유효하며, 따라서 댐 건설은 완료하되, 이로 입은 헝가리의 손해는 슬로바키아가 보상해 주어야 한다는 판결을 내렸단다.

그 밖에도 갠지스강을 둘러싼 인도와 방글라데시의 분쟁, 리오그란데강을 둘러싼 미국과 멕시코의 분쟁, 오카방고강을 둘러싼 앙골라와 나미비아의 분쟁 등 물을 둘러싼 다툼은 전 세계에서 계속되고 있어.

### 물이 너무 적거나 물이 너무 많거나

사람들은 공장의 기계와 자동차, 기차 등을 움직이는 데 석탄이나 석유 등을 많이 쓰고 있어. 또한 따뜻하게 지내기 위해서 난방을 할 때도 석탄이나 석유가 많이 사용되지. 석탄이나 석유 등을 태우면 이산화 탄소나 메테인 등이 나오는데, 이 기체들은 대기 중에서 지구로부터 나가는 열을 흡수해서 지구 밖으로 나가지 못하게 해. 그 때문에 지구 대기의 온도는 점점 높아지고 있어. 이런 현상을 '지구 온난화'라고 해.

지구 온난화로 인해 지구는 오랜 시간 동안 경험하지 못했던 급격한 기후 변화를 겪고 있어. 비가 거의 오지 않기도 하고, 비가 너무 많이 오기도 해.

사하라 사막은 아프리카 대륙 북부에 있는 사막이야. 이 사하라 사막 주위에는 폭이 약 300km에 이르는 초원인 사헬 지대가

사하라 사막은 사막 중에서 가장 규모가 큰 사막으로, 사막화로 인해 점점 넓어지고 있어.

있어. 원래 이곳은 1년에 비가 500mm 정도 내려서, 키가 작은 풀과 나무가 자라는 곳이었어. 그런데 이곳에 가축과 사람들이 급격히 늘어나면서 이곳에서 쓸 수 있는 양보다 더 많은 양의 물을 쓰게 되었어. 게다가 1968년부터 5년 동안 극심한 가뭄이 지속되었지. 결국 사헬 지대는 땅이 사막처럼 척박해지는 '사막화'에 시달리면서 사하라 사막처럼 척박한 땅으로 변하고 말았어.

 중국의 사막화도 심각해. 중국 네이멍구 자치구에 있는 쿠부치 사막은 중국에서 7번째, 세계에서 9번째로 큰 사막이야. 1950년대까지만 해도 초원 지대였지만, 지구 온난화 등의 기후 변화와 더불어 늘어나는 인구 때문에 무분별하게 개발을 한 탓에 땅이 척박해지면서 사막화가 빠르게 진행되었지. 거기에 중국에 가뭄이 심해지면서 쿠부치 사막은 이제 모래 폭풍이 휘몰아치는 건조한 곳이 되었어. 이 모래 폭풍은 우리나라에까지 불어오고 있어. 바로 봄이면 공기를 나쁘게 만드는 황사야. 우리나라 황사의 약 40%가 쿠부치 사막에서 오고 있단다.

 이렇게 급격한 기후 변화로 물이 너무 적은 지역이 있는 반면, 물이 너무 많아져서 심각한 피해를 보는 지역도 있어.

 비가 너무 많이 와서 강이나 개천이 크게 불어나는 것을 '홍수'라고 해. 홍수는 대체로 짧은 시간에 비가 많이 내리거나 오랜 시간 동안 비가 계속 내릴 때 생기지. 2011년 태국에는 7월부터 거의 4달 동안 비가 내렸어. 엄청난 양의 비가 계속 내리면서 태국의 수도 방콕은 물바다가 되었지. 이 홍수로 300명 이상이 목숨을 잃었어.

아프리카 중부 콩고 민주 공화국에서는 2023년 5월, 많은 비가 내려 강이 넘치고 산사태가 일어났어. 집 1200채가 무너졌고, 400명이 넘는 사람들이 죽었지.

물이 너무 많아서 지구에서 사라질 위기에 처한 나라도 있어. 바로 남태평양에 있는 섬나라 투발루야. 지구 온난화로 인해 북극의 그린란드와 남극 대륙의 빙하가 빠른 속도로 녹고 있기 때문이지. 그린란드의 얼음이 모두 녹아 바다로 들어가면, 전 세계 해수면의 높이는 6m 정도 올라갈 거라고 해.

그래서 투발루는 나라 전체가 서서히 물에 잠기고 있어. 바닷물의 염분 때문에 식물들이 점점 죽어 가고 있어서 식량 문제도 심각하지. 급기야 많은 국민들이 주변의 다른 나라로 옮겨 갔단다. 투발루뿐 아니라 키리바시, 몰디브 등의 섬나라도 땅 대부분이 물에 잠길 위기에 처해 있어. 태평양에 접한 방글라데시, 인

도네시아, 베트남 등과 같은 나라에서는 낮은 지대에 사는 사람들이 집과 밭 등이 물에 잠기는 통에 하나둘 자신이 살던 곳을 떠나고 있지.

**더러운 물속에 독극물이**

물은 시간이 지나면 스스로 깨끗해지는 능력이 있어. 이 능력을 '자정 능력'이라고 해. 하지만 물속에 오염 물질이 갑자기 많아지거나 오랜 시간 계속 쌓이면 자정 능력이 없어져 더러워지고 말지. 이렇게 더러워진 물을 다시 깨끗하게 하려면 아주 많은 노력을 기울여야 해.

사람들이 생활하면서 버리는 생활 하수, 공장에서 버리는 폐수 등이 제대로 정화 처리가 되지 않고 강과 바다에 버려지면 사람이 쓸 수 없게 돼. 가정에서 버리는 생활 하수 속에 있는 음식물 찌꺼기, 합성 세제, 샴푸 등은 물을 더럽히는 주요한 원인이야. 농사를 지을 때 쓰는 농약과 비료, 가축의 배설물도 물을 더럽히지.

공장에서 버리는 폐수는 생활 하수보다는 양이 적지만, 중금속이 녹아 있어 큰 문제가 일어날 수 있어. '중금속'은 구리, 납, 수은 등 무거운 금속을 말하는데, 생물의 몸속에 한번 들어가면 배출되지 않고 점점 쌓여. 이 중금속을 수많은 생물이 먹고, 그 생물을 사람이 먹으면 사람의 몸속에도 중금속이 쌓이게 되지. 이 때문에 심각한 병이 생길 수 있는데 대표적으로 알려진 병이 바로 미나마타병과 이타이이타이병이야.

미나마타병은 1956년에 일본 규슈의 미나마타시에서 처음 발생한 병이야. 미나마타시 근처 공장에서 수은이 들어 있는 폐수를 바다에 버렸어. 이 수은에 중독된 물고기와 조개 등을 사람들이 먹고, 수은에 중독되었지. 미나마타병에 걸린 사람들은 손발이 마비되어 잘 움직이지 못했고, 심하면 경련이나 정신 착란을 일으켜 목숨을 잃었어.

이타이이타이병은 일본 도야마현에서 발생한 병이야. 공장에서 강에 함부로 버린 폐수에 들어 있는 중금속 카드뮴이 원인이었지. 강 주위의 농작물과 물고기 등이 카드뮴에 오염되었고, 이것들을 먹은 사람들이 카드뮴에 중독된 거야. 사람들은 뼈마디가 아주 많이 아팠고, 뼈가 물러져서 심하면 조금만 움직여도 뼈가 부러졌지. 사람들은 너무 아파 "이타이, 이타이(일본어로 아프다, 아프다.)."라고 소리쳤어, 그래서 '이타이이타이병'이라고 이름 붙여졌지.

### 바다도 위험하다

강물은 흘러서 바다로 가. 사람들이 버리는 쓰레기와 생활 하수, 공장 폐수 등도 정화되지 않은 채 버려지면 바다로 함께 흘러 들어가지. 바다에 배가 다니면서 생기는 쓰레기 또한 늘어났어. 이러한 것들이 너무 많이 바다로 들어오면 바다는 자정 능력을 잃고 더러워지고 말아. 그러면 바닷물이 오염되고 바다에 사는 생물들이 고통을 받게 되지.

태평양에는 사람들이 버린 각종 플라스틱이 모여 이루어진 거대한 섬들이 있어. 그중 가장 큰 섬은 크기가 우리나라 면적의 약 16배나 돼. 세계의 과학자들이 이 섬에 쌓인 쓰레기를 조사했더니, 플라스틱 쓰레기의 개수가 무려 1조 8000억 개였대. 바다로 흘러 들어간 플라스틱 쓰레기가 해류를 타고 떠돌다가 해류가 모이는 중심 부분에 모여 쓰레기 섬을 만들게 된 거야. 이렇게 플라스틱 쓰레기는 한곳에 모이기도 하고, 몇 년에 걸쳐 바다를 돌아다니기도 해.

이렇게 바다에 버려진 플라스틱 때문에 심각한 문제가 일어나고 있어. 플라스틱을 삼키거나 플라스틱에 몸이 끼여 괴로워하는 동물들의 모습을 사진이나 영상으로 본 적이 있을 거야. 그런데 더 심각한 문제를 일으키는 것은 오랜 세월 바다에서 떠돌며 아주 잘게 부스러진 플라스틱, 즉 미세 플라스틱이야. 미세 플라스틱은 정말 작기 때문에 많은 생물이 먹이로 잘못 알고 먹어.

하지만 미세 플라스틱은 소화되지 않기 때문에 생물들의 몸속에 쌓이고, 그 생물들을 먹이로 삼는 더 큰 생물들의 몸속에도 쌓이게 된단다. 결국 해양 생물을 먹는 우리 인간에게도 나쁜 영향을 주게 되지.

기름도 바다를 더럽히는 또 다른 원인이야. 기름을 저장하는 시설이 망가지거나, 기름을 실어 나르는 유조선이 가라앉는 등의 사고로 많은 양의 기름이 바다에 흘러나와 바다를 더럽히지. 못쓰게 된 기름을 몰래 바다에 버리는 경우도 있어. 기름에는 다양한 화학 물질이 들어 있어서 바다 생물들에게 아주 해로워. 게다가 기름은 물에 뜨기 때문에 바닷속에 햇빛이 들어가는 것을 막아 바다의 오염을 더욱더 빠르게 하지.

2010년, 미국 멕시코만에서 석유 탐사 시설인 딥워터호라이즌호가 폭발했어. 이후 5개월 동안 약 7억 7000만 리터의 원유가 바다에 흘러 들어갔어. 이때 바다에 생긴 기름띠가 $6500km^2$의 바다를 덮었지. 바다에 산소를 공급하고 생물들

의 먹이가 되는 미생물부터 물고기, 고래, 물새에 이르는 수많은 바다 생물들이 목숨을 잃었어.


**물을 살리려면**

사람을 비롯한 지구상의 모든 생물은 물 없이 살아갈 수 없어. 물이 더러워지는 것은 한순간이지만, 더러워진 물을 다시 깨끗하게 하려면 많은 시간과 비용, 그리고 노력이 필요해. 그래서

사고로 기름이 유출된 바다의 모습이야. 기름을 제거하려고 뿌리는 화학 약품도 바다를 오염시킬 수 있다고 해.

전 세계적으로 오염된 물을 되살리기 위해 노력하고 있어.

라인강은 독일, 스위스, 네덜란드 등을 흐르는 중부 유럽 최대의 강이야. 그런데 제2차 세계 대전 이후 생활 하수와 공장 폐수 때문에 강이 더러워지고, 급기야 물고기가 떼죽음을 당하는 일이 일어났어. 그래서 유럽의 여러 나라가 모여 '국제 라인강 수질 오염 방지 위원회'를 만들고, 더는 라인강이 더러워지지 않도록 다양한 노력을 하고 있지.

일본의 수도인 도쿄를 흐르는 스미다강도 강가에 시멘트 공장들이 들어서고 1964년 하계 올림픽을 위한 개발이 이루어지는 등 산업화가 빠른 속도로 진행되면서 더러워지기 시작했어. 심한 악취가 났고, 강에서 펼쳐지던 불꽃놀이 행사와 대학 간 보트 경기도 취소될 만큼 오염되었지. 그래서 강을 깨끗하게 만들기 위해 오염을 일으키는 산업 시설들을 다른 곳으로 옮기고, 환경 단체들이 강 살리기 운동을 벌였어. 지금도 스미다강 주변을 청소하고, 수질을 감시하는 등의 활동을 하고 있지.

1992년 유엔 총회에서는 3월 22일을 '국제 물의 날'로 정했어. 점점 심각해지는 물 부족 문제와 물의 오염을 예방하고 해결하기 위해 노력하고 있지.

물을 깨끗하게 쓰려면 어떻게 해야 할까? 무엇보다 오염 물질을 줄여야 해. 집에서는 생활 하수를 줄여야 하는데, 합성 세제를 되도록 쓰지 않는 게 도움이 되지. 빨래할 때, 머리 감고 목욕할 때, 청소할 때 쓰는 합성 세제가 물을 더럽히는 큰 요인이거든.

공장에서 나오는 폐수에는 독성이 강한 중금속이 녹아 있는 경우가 많아. 그러므로 공장 폐수는 반드시 나쁜 성분들을 없애고 깨끗하게 해서 내보내야 해.

가축을 기르는 농가에서도 폐수를 깨끗이 만들어서 내보내야 하지. 가축의 배설물은 사람의 배설물보다 오염 성분이 훨씬 많거든. 그래서 폐수 처리 시설을 갖추는 것이 중요하단다.

그런데 더러운 물을 깨끗이 만드는 설비를 갖추려면 비용이 많이 들어. 그래서 폐수를 몰래 버리는 경우가 많아. 정부에서는 폐수를 함부로 버리지 못하도록 감시를 게을리하지 않아야 해. 그리고 정화 시설을 빠짐없이 갖추도록 해야 하지.

개인부터 정부까지 물을 소중히 하고 노력한다면, 우리는 깨끗한 물로 가득한 지구에서 살 수 있을 거야.

# 이것도 물이라고?

## 뜨거운 바다와 찬 바다, 엘니뇨와 라니냐

'한여름에 눈이 왔다, 극심한 가뭄이 계속 되고 있다, 비가 오지 않던 지역에 비가 너무 많이 내려 홍수가 났다.'

이러한 기상 이변 소식이 요즘 들어 부쩍 많이 들리고 있어. 이때 나오는 단어들이 '엘니뇨'와 '라니냐'야. 둘 다 바닷물의 온도 변화 때문에 나타나는 현상이지.

엘니뇨는 남아메리카 서해안을 따라 흐르는 페루 해류 속에 몇 년에 한 번 갑자기 뜨거운 물이 흘러드는 현상이야. '엘니뇨'란 스페인어로 '남자 아이' 또는 '아기 예수'를 뜻하는데, 이 현상이 크리스마스를 전후해서 나타나기 때문에 붙여진 이름이라고 해.

  엘니뇨는 적도 부근에서 부는 바람인 무역풍과 관련해 발생해. 무역풍은 적도의 따뜻한 바닷물을 다른 곳의 차가운 바닷물과 섞어 주지. 그런데 알 수 없는 이유로 무역풍이 약해지거나, 심지어 반대 방향으로 불 때가 있어. 이로 인해 바닷물이 이동하지 못해서 해류가 약해지고, 엘니뇨가 발생하게 돼.

  평소에 페루 바다는 물고기의 먹이인 플랑크톤이 풍부해서 물고기가 많이 잡히는 곳이야. 그런데 엘니뇨가 생기면 바닷물이 뜨거워져 오징어가 떼죽음을 당하고, 정어리는 사라져 버려. 또한 물고기를 먹는 새들은 먹이가 없어져 굶어 죽게 되지.

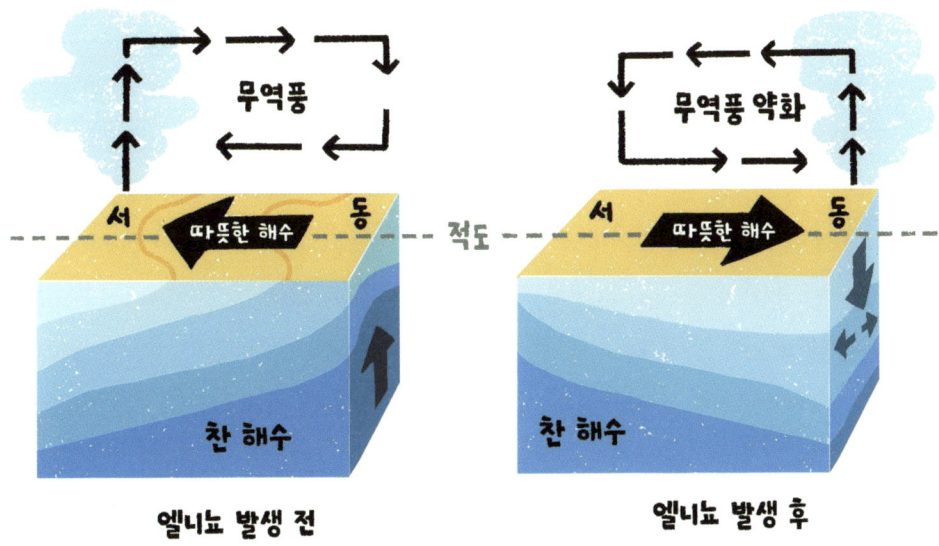

1998년 발생한 엘니뇨로 인해 미국 캘리포니아 주에 큰 홍수가 일어났어.

    엘니뇨는 다른 지역에도 영향을 끼쳐. 오스트레일리아와 동남아시아는 폭염과 가뭄에 시달려. 남아메리카에는 갑자기 많은 비가 내려 홍수와 산사태가 일어나기도 하지. 1982~1983년에 나타난 엘니뇨 때문에 남아메리카의 에콰도르에서는 홍수로 600명이 목숨을 잃었고, 로키 산맥에는 폭설이 내렸으며, 미국에는 아주 큰 허리케인이 일어났어. 1998년에 발생한 엘니뇨로 인해 인도에서는 40℃ 이상 기온이 올라갔고, 약 2500명이 목숨을 잃었어. 또한 대규모의 가뭄과 홍수가 전 세계적으로 발생했지.
    라니냐는 적도 부근 동부 태평양에서 바다의 수온이 비정상적으로 낮아지는 현상이야. '라니냐'는 스페인어로 '여자아이'라는 뜻이야. 엘니뇨와 반대의 현상이라고 생각하면 돼. 주로 엘니뇨의 전과 후에 발생하지.

무역풍이 강하게 불면 해류가 강해지고, 깊은 곳에 있던 찬 바닷물이 위로 올라오면서 바닷물의 온도가 내려가.

    라니냐도 지구 전체에 영향을 끼쳐. 라니냐가 발생하면 동남아시아와 오스트레일리아는 비가 많이 내려 홍수가 일어날 수 있고, 남아메리카에는 가뭄이, 북아메리카에는 강추위가 찾아올 수 있지. 2007~2008년에 나타난 라니냐 현상으로 캐나다 동부에 폭설이 내렸고, 동남아시아 전역에 홍수가 발생했어.

    이러한 기상 이변이 일어나면 해양 생물들이 떼죽음을 당하기도 하고, 홍수나 가뭄으로 농작물이 제대로 자랄 수 없어 흉년이 들기도 해. 사람들 또한 살아가기 어려워질 수밖에 없지.

    이렇게 엘니뇨와 라니냐로 인한 피해가 엄청나다 보니, 과학자들은 엘니뇨와 라니냐를 더 이른 시기에 정확히 예측하는 방법을 알아내기 위해 노력하고 있어. 엘니뇨와 라니냐를 막을 수 없는 이상, 피해를 줄이도록 대비하는 것이 필요해.